AI로 사업 계획서 쓰기

AI문고

인공지능 시대입니다. 기계가 인간의 인지를 대신하고, 사물이 인간을 통하지 않고 다른 사물과 직접 커뮤니케이션합니다. 이에 따른 인간 삶과 문명 변화를 정확히 이해·예측·대응하는 것은 이 시대 우리 모두의 과제입니다. AI문고는 인공지능 기술과 환경의 여러 주제를 10가지 키워드로 정리합니다. 관련 개념과 이론, 학계와 산업계의 쟁점, 우리 일상의 변화를 다룹니다. 인간과 기술의 현재, 미래를 세심히 분석합니다.

일러두기

- 인명, 작품명, 저서명, 개념어 등은 한글과 함께 괄호 안에 해당 국가의 원어를 병기했습니다.
- 외래어 표기는 현행 어문규정의 외래어표기법을 따랐습니다.

처음이세요?

전문가세요?

AI로 사업 계획서 쓰기

이지형

대한민국, 서울, 커뮤니케이션북스, 2025

AI로 사업 계획서 쓰기

지은이 이지형
펴낸이 박영률

초판 1쇄 펴낸날 2025년 5월 9일

커뮤니케이션북스(주)
출판 등록 2007년 8월 17일 제313-2007-000166호
02880 서울시 성북구 성북로 5-11
전화(02) 7474 001, 팩스(02) 736 5047
commbooks@commbooks.com
www.commbooks.com

ISBN 979-11-430-0006-4 03500

책값은 뒤표지에 표시되어 있습니다.

차례

챗봇으로 사업 계획서를 쓰는 새로운 여정

사업 계획서의 진화: 챗봇이 가져온 새로운 가능성

사업 계획서(Business Plan)는 기업의 비전과 전략, 목표를 체계적으로 담아내는 중요한 문서로, 기업의 성패를 좌우하는 핵심적인 요소 중 하나로 여겨진다. 이는 투자자에게 기업의 사업 모델을 설득하는 도구이자, 내부적으로는 조직이 추구해야 할 방향성과 목표를 명확히 설정하는 전략적 수단으로 기능한다. 전통적으로 사업 계획서 작성은 방대한 데이터 수집, 시장분석, 재무 모델링, 경쟁사 연구 등 복잡한 과정을 수반하며, 이는 상당한 시간과 전문 지식을 요구한다.

그러나 디지털 전환(Digital Transformation)의 물결 속에서 이러한 전통적인 방식에도 변화가 요구되고 있다. 특히 챗봇(Chatbot)의 등장과 그 활용의 확산은 사업 계획서 작성의 방식에 혁신적인 전환점을 가져오고 있다. 기존의 AI가 데이터 분석과 예측 모델링을 중심으로 발전해 왔다면, 챗봇은 자연어 처리(Natural Language

Processing, NLP)기술을 기반으로 인간과의 상호작용을 강화하여 실시간 대화형 정보처리 및 콘텐츠 생성이라는 새로운 가능성을 열어주고 있다.

챗봇은 단순한 질문-응답 시스템을 넘어, 사용자의 요청에 따라 사업 계획서 작성 전 과정에서 전략적 지원을 제공할 수 있는 수준으로 진화하였다. 이는 과거 전문가의 도움 없이는 어렵게 여겨졌던 시장 조사, 경쟁 분석, 비즈니스 모델 설계, 재무 예측 등의 작업을 신속하고 효율적으로 처리할 수 있도록 한다. 이러한 변화는 사업 계획서 작성의 효율성을 높이는 것은 물론, 그 과정 자체를 더욱 창의적이고 유연하게 만드는 데 기여하고 있다.

기존 사업 계획서 작성 방식의 한계와 챗봇의 필요성

사업 계획서 작성은 본질적으로 정량적 데이터 분석과 정성적 서술의 조화를 필요로 한다. 그러나 전통적인 작성 방식은 이러한 조화를 이루는 데 있어 다음과 같은 구조적 한계를 지닌다.

전통적 사업 계획서 작성의 주요 한계. 복잡한 데이터 수집과 분석의 어려움: 전통적인 사업 계획서 작성 과정은 광범위한 데이터 수집과 분석을 요구한다. 이는 시장 규모, 경쟁사 현황, 소비자 동향, 재무제표 등 다양한 정보를 아우르며, 이를 정확히 해석하기 위해서는 상당한 전문성과 시간이 필요하다. 그러나 데이터의 신뢰성을 검증하고 이를 효과적으로 통합하는 과정은 많은 기업에게 과도한 시간과 비용을 요구하는 부담으로 작용한다.

주관적 해석과 정보 편향의 위험성: 시장분석이나 사업 전략 수립 과정에서 주관적 해석이 개입될 경우, 인지 편향(Cognitive Bias)이 발생할 수 있다. 이는 데이터 해석의 왜곡을 초래하고, 궁극적으로는 사업 계획서의 신뢰성과 설득력을 저하시킨다. 특히 창업 초기 기업이나 스타트업의 경우, 경험 부족으로 인해 중요한 전략적 요소를 간과하는 경우가 빈번하다.

정적 문서로 인한 유연성 부족: 전통적인 사업 계획서는 일회성 작성 문서로 간주되는 경우가 많다. 이는 시장 환경의 급격한 변화에 따른 유연한 대응을 어렵게 만들며, 새로운 정보나 데이터의 등장에 따른 기존 문서의 신속한 업데이트의 필요성을 어렵게 만드는 한계를 갖는다.

전문가 의존성으로 인한 비용 부담: 고품질의 사업 계

획서를 작성하기 위해 많은 기업들이 컨설팅 업체나 외부 전문가의 도움을 받는다. 이는 높은 비용 부담으로 이어지며, 특히 자금이 부족한 초기 기업에게는 현실적인 제약 요소로 작용할 수 있다.

챗봇이 제공하는 혁신적 대안

챗봇의 도입은 위와 같은 한계를 극복할 수 있는 효율적이고 전략적인 대안을 제시한다. 챗봇은 단순한 자동화 도구를 넘어, 사용자의 입력에 따라 동적(動的)으로 정보를 생성하고, 상황에 맞는 전략적 조언을 제공하는 인터랙티브 플랫폼으로 진화하고 있다.

신속한 데이터 분석과 정보 통합: 챗봇은 대규모 데이터베이스와의 연결을 통해 실시간으로 시장 동향, 경쟁사 분석, 산업 트렌드를 수집하고 이를 빠르게 분석한다. 이는 사용자가 복잡한 통계 도구나 분석 소프트웨어를 따로 활용하지 않더라도, 간단한 질의응답만으로 필요한 정보를 즉시 확보할 수 있게 한다.

객관성 강화와 인지 편향 최소화: 챗봇은 데이터 기반 알고리즘을 통해 정보를 처리하므로, 개인적 편견이나 주관적 해석의 개입을 최소화한다. 이는 객관적이고 신뢰성 높은 정보를 제공하여, 보다 과학적인 근거에 기반한 사업 전략 수립을 가능하게 한다.

유연한 문서 업데이트 및 관리: 챗봇은 기존 문서의 내용을 빠르게 수정하고, 새로운 정보를 반영하여 실시간으로 사업 계획서를 업데이트할 수 있다. 이는 시장의 변화에 민첩하게 대응하고, 필요에 따라 즉각적인 전략 수정을 가능하게 한다는 점에서 전통적 방식과 뚜렷한 차별성을 가진다.

비용 효율성 및 접근성 향상: 챗봇은 별도의 고비용 컨설팅 없이도 전문적인 조언과 분석 결과를 제공할 수 있다. 이는 특히 초기 단계의 기업이나 스타트업에게 유리하며, 시간과 비용의 효율성을 극대화할 수 있는 중요한 요소로 작용한다.

챗봇을 활용한 사업 계획서 작성의 구조적 이점

챗봇은 사업 계획서 작성의 각 단계에서 정확성, 효율성, 창의성을 동시에 지원하는 구조적 강점을 제공한다. 이는 단순한 콘텐츠 생성 도구의 역할을 넘어, 전략적 사고(Strategic Thinking)를 보조하고, 사용자가 보다 심도 깊은 분석과 계획 수립을 수행할 수 있도록 돕는다.

아이디어 구체화 및 전략 설계 지원

사업 계획서 작성의 첫 단계는 비즈니스 아이디어를 구체화하고 이를 실현 가능한 전략으로 전환하는 것이다. 챗봇은 초기 아이디어 단계에서부터 사용자의 입력을 바탕으로 문제 제기서, 가치 제안서(Value Proposition), 수익 모델(Revenue Model), 성장 전략(Growth Strategy) 등을 명확히 정의할 수 있도록 지원한다.

시장 조사와 경쟁 분석의 자동화

시장 조사(Market Research)는 사업 계획서의 필수 요소이지만 사실 제대로 작성하기 가장 어려운 부분이다. 챗봇은 TAM(총 시장 규모), SAM(접근 가능 시장), SOM(실제 점유 시장)분석과 같은 데이터 기반 접근법을 통해 정량적 시장분석을 어느 정도 자동화할 수 있으며, 경쟁사의 강점과 약점, 시장 점유율, 최근의 전략 변화를 신속하게 분석하여 경쟁 환경에 대한 통찰을 제공한다.

재무 모델링 및 위험 분석 지원

재무 계획(Financial Planning)은 사업 계획서에서 가장 복잡한 부분 중 하나로, 수익 예측, 비용 분석, 자금 조달 계획 등을 포함한다. 챗봇은 기본적인 수익-비용 시뮬레이션, 현금 흐름 분석, 투자 수익률(ROI) 추정 등을 지원하며, 사용자의 입력에 따라 다양한 시나리오 기반의 재무 모델을 자동 생성할 수 있다. 또한, 리스크 관리(Risk Management) 측면에서 잠재적 위험 요소를 식별하고 대응 전략을 제안한다.

맞춤형 콘텐츠 생성 및 설득력 강화

사업 계획서는 단순한 데이터 나열이 아니라, 투자자나 이해관계자의 관심을 끌 수 있는 설득력 있는 스토리텔링을 갖추어야 한다. 챗봇은 타깃 독자, 예를 들면, 투자자, 파트너, 정부 기관 등에 따라 맞춤형 콘텐츠를 생성하고, 핵심 메시지를 강조하는 방식을 제안하여 설득력을 극대화한다.

챗봇으로 완성하는 전략적 사업 계획서

본서는 챗봇을 활용하여 효율적이고 체계적인 사업 계획서 작성 방법론을 제시하는 것을 목표로 한다. 이는 단순한 기술 활용법을 넘어, 챗봇을 통한 전략적 사고 확장과 데이터 기반 의사결정 강화에 중점을 둔 실용적인 지침서로 구성되었다.

본서의 주요 구성

본서는 인공지능(AI)과 챗봇을 활용하여 효율적이고 전략적인 사업 계획서를 작성하는 방법을 체계적으로 제시하고자 한다. 사업 계획서의 핵심 요소를 10가지 주제로 구성하였으며, 각 주제는 챗봇을 통해 보다 정교하고 효과적으로 개발될 수 있는 방안을 중심으로 서술하였다. 첫째, 요약문은 사업의 비전과 핵심 가치, 성장 전략을 간결하면서도 설득력 있게 전달하여 투자자 및 이해관계자의 관심을 효과적으로 유도하는 데 중점을 둔다.

둘째, 사업 기회에서는 시장의 미충족 수요와 해결해야 할 문제를 명확히 정의하고, 이를 바탕으로 AI 기반 데이터 분석을 활용하여 혁신적인 사업 기회를 발굴하는 방법을 고찰한다.

셋째, 제품 및 서비스는 기업이 제공하는 제품 또는 서비스의 핵심 기능과 차별화된 경쟁력을 설명하며, AI를 활용한 고객 피드백 분석과 제품 개선 방안 도출 과정을 심층적으로 다룬다.

넷째, 시장분석은 TAM(Total Addressable Market), SAM(Serviceable Available Market), SOM(Serviceable Obtainable Market) 분석을 통해 시장 규모를 산정하고, 경쟁사 분석 및 소비자 행동 데이터 기반의 인사이트를

도출함으로써 시장의 성장 가능성을 예측한다.

다섯째, 비즈니스 모델은 기업의 수익 창출 구조와 지속 가능한 성장 전략을 구체화하며, 비즈니스 모델 캔버스(Business Model Canvas) 등의 도구를 활용하여 이를 효과적으로 설계하는 방법을 제시한다.

여섯째, 생산 및 운영 계획은 제품 및 서비스 제공을 위한 운영 전략과 공급망 관리 방안을 다루며, AI를 활용한 생산 자동화, 운영 효율성 강화, 리스크 관리 전략 등을 체계적으로 서술한다.

일곱째, 마케팅 전략은 데이터 기반의 고객 세분화 및 타기팅 전략, 디지털 마케팅 기법, 퍼포먼스 기반 광고 전략 등을 통해 효과적인 시장 진입과 고객 확보 방안을 모색하며, AI를 활용한 마케팅 자동화 및 최적화 방법을 논의한다.

여덟째, 재무 계획은 기업의 재정적 지속 가능성을 입증하기 위한 매출 예측, 비용 구조 분석, 투자 수익률(ROI) 산정, 현금 흐름 관리 등의 내용을 포함하며, AI 기반의 재무 모델링 및 재무 리스크 최소화 전략을 다룬다.

아홉째, 시장 진출 계획 및 중장기 확장 전략은 초기 시장 진입 전략과 글로벌 확장 계획 수립 방법을 제시하고, AI를 활용한 시장 트렌드 분석 및 성장 전략 수립 과정을 구체적으로 설명한다.

마지막으로, 회사와 경영진 소개는 기업의 비전과 핵심 인력의 전문성을 강조하고, 조직 운영 전략과 기업의 신뢰성을 높이기 위한 요소들을 체계적으로 서술하여 투자자 및 이해관계자에게 긍정적인 인상을 심어주는 데 기여한다.

이러한 10가지 주제는 각각 독립적인 내용을 담고 있으면서도 유기적으로 연결되어 있어, 사업 계획서 작성의 모든 과정을 종합적이고 전략적으로 수행할 수 있도록 설계되었다.

본서의 기대 효과

본서는 AI와 챗봇을 활용하여 사업 계획서를 보다 효율적이고 전략적으로 작성할 수 있는 방법을 제시함으로써, 독자들이 기존의 전통적인 방식에서 벗어나 혁신적인 비즈니스 문서 작성 역량을 갖출 수 있도록 돕는다.
첫째, 사업 계획서 작성의 효율성 극대화다. AI와 챗봇을 활용하여 자료 수집, 분석, 작성 과정을 자동화함으로써 작성 시간을 단축하고 업무 효율성을 높일 수 있다.

둘째, 데이터 기반의 전략적 사고 강화다. AI 분석을 통해 시장 동향, 경쟁사, 재무 예측 등에서 보다 과학적이고 신뢰성 높은 의사결정을 내릴 수 있다.

셋째, 창의성과 혁신 역량 확장이다. 챗봇의 다양한 아이디어 제안 기능을 활용하여 새로운 비즈니스 모델과 창의적인 전략을 도출할 수 있다.

넷째, 사업 계획서의 설득력 강화다. 타깃 독자에 맞춘 맞춤형 콘텐츠와 스토리텔링 전략을 통해 투자자와 이해관계자를 효과적으로 설득할 수 있다.

다섯째, 리스크 관리 및 유연한 전략 수정 능력 향상이다. AI를 활용하면 실시간 데이터 업데이트와 시장 변화에 빠르게 대응할 수 있는 유연성을 확보할 수 있다.

여섯째, 디지털 전환 및 글로벌 경쟁력 강화다. AI 활용 역량을 통해 조직의 디지털 전환을 촉진하고, 글로벌 시장에서도 경쟁력을 갖춘 전략적 사고를 개발할 수 있다.

이와 같이 본서는 독자들에게 효율성, 전략적 사고, 창의성, 설득력, 유연성, 그리고 글로벌 경쟁력이라는 핵심 역량을 제공하여, 성공적인 사업 계획서 작성과 더불어 지속 가능한 비즈니스 성장을 위한 토대를 마련할 것이다.

챗봇과 함께하는 전략적 비즈니스 여정

사업 계획서 작성은 단순한 문서 작성의 과정이 아니다. 이는 기업의 비전과 전략을 구체화하고, 미래의 성장 가능성을 체계적으로 설계하는 전략적 사고의 여정이다. 챗봇은 이 여정을 보다 효율적이고 체계적으로 만들어 주는 강력한 도구로, 데이터 기반의 분석과 창의적 사고의 균형을 이루는 데 중요한 역할을 수행한다.

본서를 통해 챗봇이 단순한 기술적 도구가 아닌, 비즈니스 성공을 위한 전략적 파트너로서 어떻게 활용될 수 있는지를 발견하게 되기를 기대한다. 챗봇과 함께라면, 사업 계획서 작성은 더 이상 어렵고 복잡한 과제가 아닌, 혁신적인 아이디어를 실현 가능한 전략으로 구체화하는 즐거운 과정이 될 것이다.

참고문헌

Floridi, L.(2023). *The ethics of artificial intelligence.* Oxford University Press.

McCarthy, J., et al.(1955). A proposal for the Dartmouth summer research project on artificial intelligence.

OpenAI. ChatGPT: Optimizing language models for dialogue. https://openai.com/blog/chatgpt

O'Reilly, T.(2017). *WTF? What's the future and why it's up to us.* HarperBusiness.

01
요약문

요약문은 사업 계획서의 핵심으로, 투자자와 파트너가 사업의 비전과 가치를 신속히 파악하도록 돕는 가장 중요한 섹션이다. 사업 전체의 방향성과 잠재력을 압축적으로 전달하며, 성공 여부를 좌우한다. 주요 내용은 사업의 비전, 기회, 제품과 서비스, 실행 계획, 재무 목표 등이다. 본 장에서는 챗봇을 만든 후 챗봇에 관련 데이터를 첨부하고 지침에 주요 프로세스를 제시하며 프롬프트에 작동 지시 사항을 입력함으로써 강력한 요약문을 아주 쉽게 작성하는 방법을 다룬다.

AI와 1인 창업?

요약문이란 무엇인가?

요약문은 사업 계획서에서 가장 중요한 부분으로, 투자자와 파트너가 사업의 핵심 내용을 신속하게 파악할 수 있도록 돕는 역할을 한다. 이는 사업의 비전과 가치를 압축적으로 전달하며, 사업의 성공 가능성을 결정짓는 요소가 될 수 있다.

요약문은 단순한 개요가 아니라, 사업의 실행 가능성과 수익성을 입증하는 핵심 도구로 활용된다. 따라서 명확하고 설득력 있게 작성하는 것이 중요하다. 주요 내용으로는 사업의 비전, 시장 기회, 제품 및 서비스, 실행 계획, 재무 목표 등이 포함된다.

본 장에서는 AI를 활용하여 보다 효과적으로 요약문을 작성하는 방법을 설명하며, AI 기반 챗봇을 활용하여 자동화된 요약문을 생성하는 절차를 제시한다.

요약문의 중요성

요약문은 사업 계획서 전체의 "첫인상"을 결정짓는 역할을 하며, 투자자와 파트너가 이후 내용을 읽을지 여부를 판단하는 기준이 된다. 명확하고 설득력 있는 요약문은 투자 유치 및 파트너십 체결 가능성을 높이는 데 중요한 역할을 한다.

특히, 요약문은 사업 계획서의 서두에 위치하여 독자가 문서를 계속 읽을 동기를 부여한다. 사업의 본질을 정확히 전달하고, 사업의 차별성과 성장 가능성을 강조하는 것이 필수적이다.

요약문은 다음과 같은 기능을 수행한다. 사업의 핵심 가치를 전달하기 위해 사업이 해결하려는 문제와 그 솔루션을 명확히 제시한다. 그리고 투자자와 파트너의 관심을 유도하기 위해서 투자 및 협력을 결정하는 데 필요한 주요 정보를 제공한다. 마지막으로 사업 계획서의 논리적 구조를 제시하기 위해서 전체 문서의 개요를 간략히 설명하여 이후 내용을 쉽게 이해할 수 있도록 한다.

요약문의 주요 구성 요소

효과적인 요약문을 작성하기 위해서는 다음과 같은 요소를 포함해야 한다.

사업 기회

해결하고자 하는 문제와 그 문제를 해결할 방법을 간결하게 설명한다. 현재 시장에서의 필요성 및 타깃 고객층을 명확히 제시한다.

제품 및 서비스의 가치 제안

제공하는 솔루션의 주요 장점과 차별성을 강조한다. 기존 시장에서 해결되지 않은 문제를 어떤 방식으로 개선하는지 설명한다.

시장분석

목표 시장의 규모, 성장 가능성, 경쟁 환경을 요약한다. 시장에서의 경쟁 우위를 설명하고, 사업의 확장 가능성을 강조한다.

비즈니스 모델 요약

매출 구조 및 비용 구조를 포함하여 사업 운영의 핵심 내용을 간략히 정리한다. 주요 수익 창출 방법과 시장 내에서의 포지셔닝을 제시한다.

팀 구성 및 회사 역량

사업을 성공적으로 이끌 전문성과 신뢰성을 강조한다. 핵심 인력과 조직의 강점을 설명하여 투자자에게 신뢰를 제공한다.

재무 목표 및 투자 요청

투자 자금의 용도 및 예상되는 투자 수익률(ROI)을 구체적으로 제시한다. 향후 3~5년간의 성장 계획과 매출 목표를 요약한다.

ChatGPT로 챗봇 만들기

나만의 챗봇인 My GPT를 만드는 이유는 특정 목적에 최적화된 기능을 지닌 GPT를 이용해 업무 효율을 올림으로써 시간과 비용을 절감하기 위해서이다. 특히 AI는 텍스트로 작성된 명령어인 프롬프트를 입력해야 하는데 프롬프트는 보다 구체적이고 상세할수록 내가 원하는 결과를 얻을 수 있다. 챗봇은 다양한 기능에 최적화시킨 프롬프트를 입력해 만든 나만의 GPT를 말하며, 이러한 여러 종류의 GPT가 모인 곳을 GPTs라고 한다.

나만의 챗봇을 만들기 위해서는 GPT 4.0 버전 이상 사용할 수 있는 유료 이용자(최소 $22/월 이상 사용자)이어야 한다.

가장 간단한 챗봇 만들기 - GPT 만들기

챗봇 생성기(GPT Creater)를 이용하면 아주 간단한 GPT를 빠른 시간 내에 만들 수 있다. 물론 좋은 GPT는 보다 상세하고 구체적인 프롬프트를 비롯해 신뢰도 높은 자료(pdf, 텍스트 파일, 이미지 파일 등)를 업로드한 후 학습 과정을 통해서 성능이 좋은 챗봇을 만들 수 있고 API를 활용해 만들 수도 있다. 하지만 여기서는 가장 단순한 방법으로 복잡하지 않은 나만의 GPT를 만드는 과정을 설명하고자 한다.

로그인

ChatGPT에 접속한 뒤 로그인한다. 그리고 Explore 메뉴를 클릭한다.

GPT 생성하기

'내 GPT' 카테고리에서 'GPT 만들기'를 클릭해 GPT 만들기를 연다.

GPT의 세부사항 입력

'구성'을 클릭한 후, 구성의 각 항목을 입력한다. 만들고자 하는 GPT의 역할과 가이드라인, 제약 사항 등을 자세하게 입력하는 것이다. 구체적으로 GPT '이름'에 자신만의 이름을 정해서 입력한다. '설명'에는 예를 들어, '이 GPT는 비즈니스 모델을 개발하는 챗봇이다'라고 입력한다. 그다음 '지침'에는 구체적인 지시 사항을 상세하게 작성한다. 마지막으로 '파일 업로드'에는 글의 흐름 방향을 알 수 있도록 사람이 직접 작성한 파일이나 참고할 만한 자료를 첨부한다.

저장하기

오른쪽 상단의 '저장' 버튼을 눌러 저장한다. 이때 GPT의 접근 권한을 설정할 수 있다. 오직 나만 사용할 수 있는 설정, 링크가 있는 사람이 사용할 수 있는 설정, 모든 사람이 사용할 수 있는 설정 중에 선택할 수 있다.

사용하기

저장하면 왼쪽 탭에 생성된 GPT가 나타난다. 이제 언제나 생성된 GPT를 클릭해 사용할 수 있다.

챗봇을 활용한 요약문 쓰기

이름

요약문 작성 전문가

설명

이 GPT는 사업의 전반적인 내용을 요약하여 투자자나

이해관계자가 간편하게 이해할 수 있도록 돕는 일을 수행하는 챗봇이다.

지침 1(간단한 지침)

"우리 회사 〈회사 이름〉은 [산업명] 산업에서 활동하고 있으며, 다음과 같이 사업의 미션과 비전, 해결하려는 문제, 제공하는 솔루션, 목표 시장 및 경쟁 우위, 비즈니스 모델, 재무 목표 및 투자 요청을 포함하여 요약문을 작성하시오."

지침 2(상세한 지침)

"우리 회사 〈회사 이름〉은 [산업명] 산업에서 활동하고 있으며, 다음과 같이 요약문을 작성하시오:

회사의 미션과 비전: '우리의 미션은 [미션], 비전은 [비전]으로, 이를 통해 [산업] 산업에서의 혁신을 추구한다.'
해결하는 문제: '현재 시장에서 고객이 겪는 주요 문제는 [문제 정의]이다.'
제안 솔루션: '이를 해결하기 위해 [솔루션 설명]을 제공한다.'
목표 시장과 경쟁 우위: '우리 목표 시장은 [시장 세그먼트],

경쟁 우위는 [경쟁사 대비 강점]이다.'

비즈니스 모델: '우리는 [주요 수익 창출 방식]을 통해 지속 가능하고 확장 가능한 사업을 운영한다.'

재무 목표 및 투자 요청: '3년 내 매출 목표는 [매출], 예상 수익률은 [ROI]이다. 필요한 자금은 [금액]이며, 이 자금은 [사용 계획]에 활용될 예정이다.'

문장은 간결하고 핵심적인 내용을 300단어 이내로 제한하시오."

지식에 첨부할 지원 자료

회사 비전 및 미션 문서

시장 및 경쟁 분석 결과

재무 계획 요약

프롬프트 입력 예시

"지식에 첨부한 자료를 철저히 분석한 후, 지침에 따라 근거를 제시하며 상세하게 작성하시오"

결과물 예시 1

"ABC 기업은 헬스케어 기술 분야에서 개인 맞춤형 의료 솔루션을 제공한다. 당사의 AI 기반 의료 데이터 플랫폼은 기존 의료 절차 대비 30% 비용 효율성을 제공하며, 3년 내 500억 원 매출을 목표로 하고 있다. 이를 위해 50억 원의 투자를 요청한다."

결과물 예시 2

"XYZ 스타트업은 AI 기반 데이터 분석 도구를 통해 중소기업의 시장 점유율 확대를 지원한다. 현재 시장은 연평균 15% 성장 중이며, 전체 시장 규모는 약 500억 원에 달한다. XYZ의 솔루션은 기존 데이터 분석 도구보다 30% 더 빠르고 정확하며, 초기 고객 테스트에서 매출 증가 효과를 입증하였다. 창립 팀은 데이터 분석 및 IT 컨설팅에서 10년 이상의 경험을 보유하고 있으며, 2억 원의 초기 투자로 기술 개발을 완료하였다. 본 프로젝트를 통해 향후 3년간 20억 원의 매출 성장을 기대하고 있으며, 이를 위한 추가 투자 5억 원을 요청한다."

결론

요약문은 단순한 개요가 아니라, 사업 계획서의 성공 가능성을 결정짓는 중요한 요소이다. AI와 챗봇을 활용하면 요약문의 품질을 향상시키는 동시에 작성 시간을 단축할 수 있다. 이는 투자자와 파트너에게 사업의 핵심 가치를 효과적으로 전달하며, 신뢰를 확보하는 데 중요한 역할을 한다.

참고문헌

Sahlman, W. A.(1997). How to write a great business plan. Harvard Business Review, July.

02
사업 기회

모든 성공적인 사업은 “문제를 해결하거나 기회를 포착하는 것”에서 시작된다. 사업 기회는 사업이 해결하려는 문제와 솔루션의 가치를 정의하며, 타당성을 입증하는 핵심 요소이다. 이는 투자자의 관심과 신뢰를 얻는 데 필수적이다. 주요 내용은 문제 정의, 고객 니즈, 솔루션의 차별성, 시장 성장 가능성이다. 본 장에서는 챗봇에 관련 데이터를 첨부하고 지침에 주요 프로세스를 제시하며 프롬프트에 작동 지시 사항을 입력함으로써, 신뢰성 높은 사업 기회를 간단히 도출하는 방법을 다룬다.

AI와 MBTI?

사업 기회란 무엇인가?

사업 기회는 고객의 문제를 해결하거나 새로운 시장을 창출할 가능성을 의미한다. 이는 사업 계획서의 출발점으로, 투자자나 파트너가 해당 사업이 얼마나 실현 가능하고 시장에서 적합한지를 평가하는 데 중요한 역할을 한다. 예를 들어, 고객이 재고관리와 같은 문제로 인해 어려움을 겪고 있다면, 이를 해결할 수 있는 AI 기반의 솔루션은 하나의 중요한 사업 기회로 간주될 수 있다. 이처럼 성공적인 사업 기회는 기존 시장에서 발생하는 문제를 해결하거나, 고객의 미충족 니즈를 충족시킴으로써 경쟁력을 확보하게 된다.

사업 기회 포착의 중요성

사업 기회는 사업 계획서에서 투자자나 파트너를 설득하는 데 가장 중요한 역할을 한다. 이는 단순한 문제 제시가 아니라, 문제 해결의 가능성과 이를 통해 창출될 경제적 가치를 구체적으로 설명하는 과정이다.

예를 들어, 글로벌 중소기업의 약 60%가 비효율적인 재고관리로 인해 연간 수익의 상당 부분을 손실하고 있다. 이러한 문제를 해결할 수 있는 AI 기반의 재고관리 솔루션은 하나의 중요한 사업 기회로 간주될 수 있다.

이처럼 구체적인 데이터와 사례를 제시하는 것은 투자자와 파트너에게 신뢰성을 부여하며, 사업의 타당성을 입증하는 중요한 요소로 작용한다.

사업 기회 분석을 통해 다음과 같은 사항을 확인할 수 있다. 해결해야 할 문제를 정의하기 위해서 시장에서 발생하는 주요 문제를 규명한다. 그리고 고객의 미충족 요구 사항을 분석하기 위해서 기존 솔루션이 충족하지 못하는 고객의 니즈를 파악한다. 또한 사업 모델의 차별성을 확보하기 위해서 경쟁사 대비 차별성을 확보하고, 시장 내 독창적인 포지셔닝을 구축한다. 마지막으로 시장 성장 가능성을 평가하기 위하여 시장의 성장성을 객관적인 데이터와 함께 제시하여 사업의 확장 가능성을 입증한다.

사업 기회의 주요 구성 요소

사업 기회를 효과적으로 도출하기 위해서는 다음과 같은 요소를 포함해야 한다. 첫째, 문제 정의는 목표 시장에서 고객이 직면하고 있는 주요 문제를 명확히 설명한다. 예를 들어, "중소기업은 재고관리 시스템의 부정확성으로 인해 연간 매출의 15%를 손실하고 있다"와 같은 구체적인 사례를 제시한다.

둘째, 고객의 미충족 니즈는 기존 솔루션이 해결하지 못한 고객의 요구 사항을 설명한다. 경쟁 제품이 가지는 한계를 구체적으로 언급하고, 이로 인해 발생하는 문제를 서술한다.

셋째, 핵심 가치 제안은 고객의 문제를 해결하기 위해 제공할 제품이나 서비스의 차별화된 가치를 강조한다. 예를 들어, "AI 기반 재고관리 솔루션은 실시간 데이터 분석 및 수요 예측 기능을 통해 평균 20%의 비용 절감을 제공한다"와 같은 방식으로 기술한다.

넷째, 경쟁사 대비 차별성은 경쟁사 제품과 비교했을 때 본 제품 또는 서비스가 제공하는 독창적인 강점을 설명한다. AI 기술 활용, 사용자 친화적 인터페이스, 비용 효율성 등의 차별적 요소를 강조한다.

다섯째, 시장 성장성은 목표 시장이 성장할 가능성을 데이터와 함께 제시한다. 예를 들어, "글로벌 물류 시장은 연평균 15%의 성장률을 기록하고 있으며, 본 솔루션이 목표로 하는 중소기업 시장의 규모는 500억 달러로 평가된다"와 같이 명확한 수치를 제공한다.

AI를 활용한 사업 기회 정의

AI 기술은 방대한 데이터를 분석하여 시장 트렌드와 고객의 요구를 파악하고, 기존 문제를 해결할 독창적인 아이디어를 도출하는 데 기여한다. 특히, AI는 다음과 같은 기능을 수행할 수 있다.

첫째, 데이터 분석 및 예측이다. AI는 소비자 리뷰, 소셜 미디어 데이터, 산업 보고서를 분석하여 최신 트렌드와 고객의 요구 사항을 실시간으로 파악한다.

둘째, 시장 위험 평가이다. AI는 시장 내 잠재적인 위험 요소를 분석하고, 사업의 적합성을 평가하는 데 도움을 준다.

셋째, 창의적 아이디어 생성이다. 기존 데이터를 기반으로 새로운 솔루션 아이디어를 도출하여 경쟁력을 확보할 수 있도록 지원한다.

챗봇으로 사업 기회 쓰기

AI 기반 챗봇은 방대한 데이터를 분석하여 사업 기회를 효과적으로 정의하고, 이를 바탕으로 작성 과정을 단축할 수 있다. 챗봇을 활용한 사업 기회 작성의 구체적인 프로세스는 다음과 같다.

이름

사업 기회 분석 전문가

설명

사업 기회를 정의하고, 이를 통해 창출할 수 있는 경제적 가치를 설명하며, 시장의 성장 가능성을 평가한다.

지침 1(간단한 지침)

사업 기회를 정의할 때 다음의 지침을 따른다:

· 고객이 겪고 있는 주요 문제를 구체적으로 설명한다.
· 기존 솔루션의 한계와 고객의 미충족 니즈를 제시한다.
· 본 솔루션의 차별화된 가치를 강조한다.
· 경쟁사와 비교하여 독창성을 설명한다.
· 시장 성장 가능성을 구체적인 데이터로 설명한다.

지침 2(상세한 지침)

"우리 사업 기회는 다음과 같은 요소를 포함한다:

· 문제 정의: '현재 시장에서 고객이 겪고 있는 주요 문제는 [문제]이다. 이 문제는 [구체적인 데이터 및 사례]로 확인된다.'
· 미충족 니즈: '기존 솔루션은 [한계점]이 있으며, 고객은 [미충족 니즈]를 겪고 있다.'

· 핵심 가치 제안: '우리의 제품/서비스는 [특장점]을 통해 이러한 니즈를 해결하며, [구체적 사례]로 증명된다.'

· 경쟁사 대비 차별성: '경쟁사와 차별화되는 점은 [차별화 요소]이며, 이를 통해 고객이 선택할 이유는 [이유]이다.'

· 시장 성장성: '목표 시장의 성장 가능성은 [성장률 또는 데이터]로 예상된다.'"

지식에 첨부할 지원 자료

시장 조사 보고서

기존 제품의 한계 및 사례 분석

목표 고객 요구 사항 조사

경쟁사 분석 자료

챗봇 프롬프트 입력 예시

"지식에 첨부된 데이터를 분석한 후, 지침에 따라 사업 기회의 주요 요소(문제 정의, 고객의 미충족 니즈, 핵심 가치 제안, 경쟁사 대비 차별성, 시장 성장 가능성)를 포함하여 근거를 제시하며 상세히 작성하시오."

초안 결과물 예시

"현재 글로벌 물류 시장은 연평균 성장률 15%를 기록하고 있으며, 중소기업은 재고관리 문제로 인해 연간 매출의 15%를 손실하고 있다. 기존 솔루션의 예측 정확도는 낮고, 사용자 친화성이 부족하여 고객 불만이 증가하고 있다. 본 AI 기반 재고관리 솔루션은 실시간 수요 예측 기능을 통해 평균 20%의 비용 절감을 제공하며, 기존 솔루션 대비 30% 더 높은 정확도를 자랑한다. 초기 목표는 500억 달러 규모의 시장에서 1%의 점유율을 확보하여 연간 5억 달러의 매출을 달성하는 것이다."

결론

사업 기회는 사업 계획서에서 가장 중요한 요소이며, 투자자와 파트너를 설득하는 핵심적인 역할을 수행한다. AI와 챗봇을 활용하면 보다 정교하고 신뢰성 있는 사업 기회를 도출할 수 있으며, 이를 통해 문제 정의, 고객 니즈 분석, 시장 성장 가능성 평가 등의 과정을 효과적으로 수행할 수 있다.

참고문헌

Blank, S. & Dorf, B.(2012). *The startup owner's manual.* K&S Ranch.

Christensen, C. M.(2016). *The innovator's dilemma.* Harvard Business Review Press.

Kim, W. C. & Mauborgne, R.(2015). *Blue ocean strategy.* Harvard Business Review Press.

Mullins, J. W. & Komisar, R.(2009). Getting to plan B. Harvard Business Press.

Osterwalder, A. & Pigneur, Y.(2010). *Business model generation.* Wiley.

Schilling, M. A.(2023). *Strategic management of technological innovation.* McGraw-Hill.

03
제품 및 서비스

사업 계획서에서 제품 및 서비스 부분은 고객의 문제를 해결하고, 시장에서 사업의 경쟁력을 입증하는 중요한 섹션이다. 이는 사업의 실행 가능성을 판단하는 데 필수적이다. 주요 내용은 제품의 핵심 기능, 문제 해결 방식, 기술적 우위, 확장 가능성, 고객 사례이다. 본 장에서는 챗봇에 관련 데이터를 첨부하고 지침에 주요 프로세스를 제시하며 프롬프트에 작동 지시사항을 입력함으로써, 전문적이고 설득력 있는 문서를 쉽게 작성하는 방법을 다룬다.

AI와 난임 극복?

제품 및 서비스란 무엇인가?

제품 및 서비스는 사업 계획서에서 고객에게 제공할 가치와 솔루션을 상세히 설명하는 중요한 섹션이다. 이 부분은 제공하려는 제품이나 서비스가 어떤 문제를 해결하며, 고객에게 어떤 이점을 제공하는지를 구체적으로 보여준다. 특히 투자자와 이해관계자들은 이 섹션을 통해 사업의 실행 가능성과 시장에서의 경쟁력을 평가하기 때문에, 단순히 기능만 나열하는 것이 아니라 고객이 느낄 구체적인 혜택과 가치를 전달하는 것이 필수적이다.

예를 들어, AI 기반 재고관리 솔루션을 설명한다고 가정할 때, "이 제품은 실시간으로 재고를 추적하며, AI 알고리즘을 통해 수요를 예측하여 재고 과잉 문제를 대폭 감소시킨다"라는 식으로 고객이 직면한 문제를 해결하고 이를 통해 창출되는 가치를 명확히 표현해야 한다. 이러한 접근은 독자에게 제품이나 서비스가 시장에서 얼마나 독창적이고 필수적인지를 이해시키는 데 큰 역할을 한다.

제품 및 서비스의 중요성

사업 계획서에서 제품 및 서비스 섹션은 사업의 성공 여부를 평가하는 데 핵심적인 역할을 한다. 이는 제공하려는 솔루션의 가치를 강조하며, 사업 아이디어의 실행 가능성과 시장에서의 차별성을 명확히 보여준다. 특히 투자자들은 이 섹션을 통해 사업 아이디어의 신뢰성과 잠재력을 평가하므로, 설득력 있는 자료와 논리적인 구성이 중요하다.

이 섹션은 고객의 문제를 해결하는 방식과 그 결과로 고객이 얻게 될 구체적인 이점을 설명해야 한다. 또한 제품의 차별화된 특징을 강조하여 경쟁사와의 비교에서 우위를 점하고 있음을 명확히 해야 한다. 이를 통해 투자자나 파트너가 제품의 시장 경쟁력을 이해하고, 사업 아이디어에 공감할 수 있도록 만들어야 한다.

제품 및 서비스의 주요 구성 요소

제품 및 서비스를 효과적으로 설명하려면 다음과 같은 요소를 포함해야 한다.

제품 및 서비스 개요

제공하는 제품 또는 서비스의 핵심 기능과 특징을 명확히 기술한다. 예를 들어, "AI 기반 헬스케어 솔루션은 실시간 건강 모니터링, 개인 맞춤형 피드백, 건강 데이터 분석 기능을 제공한다"와 같이 구체적으로 서술한다.

문제 해결과 가치 창출

고객이 직면한 문제를 설명하고, 제품이 이를 어떻게 해결하는지를 제시한다. 예를 들어, "기존 재고관리 시스템의 낮은 정확도로 인해 발생하는 매출 손실 문제를 해결하기 위해, 본 제품은 AI 알고리즘을 활용하여 예측 정확도를 90% 이상으로 향상시킨다"는 방식으로 작성할 수 있다.

차별화된 특징

제품이 경쟁사 대비 가지는 차별성과 독창적인 강점을 강조한다. 예를 들어, "기존의 재고관리 도구와 달리, 본 솔루션은 클라우드 기반으로 운영되며, 실시간 데이터 동기화 및 모바일 접근성을 제공한다"고 설명할 수 있다.

기술적 기반

제품 개발에 사용된 기술적 요소와 혁신성을 설명한다. 예를 들어, "본 제품은 머신러닝(ML)과 자연어 처리(NLP) 기술을 활용하여 복잡한 데이터를 자동 분석하고,

고객이 실시간으로 데이터 기반 의사결정을 내릴 수 있도록 지원한다"고 기술할 수 있다.

확장 가능성

제품의 현재 기능과 더불어 향후 확장 계획을 제시한다. 예를 들어, "1단계에서는 재고관리 기능에 집중하며, 2단계에서는 공급망 최적화 기능을 추가하여 전체 물류 프로세스를 관리하는 통합 솔루션으로 발전할 계획이다"고 설명할 수 있다.

챗봇으로 제품 및 서비스 쓰기

AI 기반 챗봇을 활용하면 제품 및 서비스 섹션을 보다 효과적으로 작성할 수 있다. AI는 고객 데이터 분석 및 자동화된 요약 기능을 통해 보다 명확하고 설득력 있는 문서를 생성하는 데 기여할 수 있다.

이름

"제품 및 서비스 도출 전문가"

설명

"앞에서 설명한 시장의 문제점을 해결할 수 있는 우리 제품 및 서비스를 먼저 정의하고, 입력된 시장 데이터와 제품 정보를 기반으로 핵심 기능, 고객 가치, 경쟁 우위를 논리적으로 정리하는 일을 수행한다."

지침 1(간단한 지침)

"제품 및 서비스를 정의할 때 다음 지침을 따른다:

· 제품 및 서비스 주요 특징을 구체적으로 설명한다.
· 경쟁사와의 차별점을 제시한다.
· 고객 피드백 등을 포함해서 설명한다."

지침 2(상세한 지침)

"다음 내용을 포함하여 제품 및 서비스를 설명하시오:

· 핵심 기능: '우리 제품 [제품 이름]은 [기능 및 특징]을 제공하며, 고객의 [문제]를 효과적으로 해결한다.'
· 경쟁 우위: '경쟁 제품 대비 주요 차별점은 [차별화 포인트]이다.'
· 기술적 차별화: '이 제품은 [특허 기술, 독창적 설계 등]을 통해 [경쟁사 제품] 대비 [우위]를 보유하고 있다.'
· 확장 가능성: '향후 개발될 추가 기능은 [추가 기능]이며,

이를 통해 장기적으로 [시장 전략]을 강화할 계획이다.'

· 고객 사례: '이미 [고객 사례]를 통해 효과가 입증되었으며, 고객 피드백은 [피드백 요약]이다.'"

지식에 첨부할 지원 자료

제품 기능 설명서 및 기술 스펙

고객 피드백 보고서

시장 조사 자료

프롬프트 입력 예시

"지식에 첨부된 데이터를 분석한 후, 제품 및 서비스의 주요 요소(정의, 핵심 기능, 기술적 차별성, 확장 가능성, 고객 사례)를 포함하여 논리적으로 설명하시오."

챗봇의 초안 결과물

"본 AI 기반 재고관리 솔루션은 중소기업의 운영 효율성을 극대화한다. 주요 기능으로는 실시간 재고 추적, AI 기반 수요 예측, 자동화된 재고 보충 기능이 포함된다. 클라우드 및 모바일 접근성을 제공하여 기존 솔루션 대비 30% 더 높은 데이터 정확도를 확보하였다. 고객 피드백 결과, 사용 편의성과 높은 데이터 처리 속도가 특히 긍정적으로 평가되었다. 향후 공급망 최적화 기능을 추가하여 전반적인 물류 관리 역량을 강화할 계획이다."

결론

제품 및 서비스는 사업의 핵심 요소이며, 이를 명확하고 설득력 있게 제시하는 것이 투자 유치와 시장 진출 성공에 결정적인 역할을 한다. AI 기술을 활용하면 고객 맞춤형 솔루션을 설계하고, 지속 가능한 확장 가능성을 확보할 수 있다.

본 장에서 논의한 원칙과 사례를 기반으로, AI 기반 제품 및 서비스를 보다 구체적이고 경쟁력 있게 설명할 수 있을 것이다.

참고문헌

Cagan, M.(2018). *Inspired: How to create tech products customers love.* Wiley.

Cooper, R. G.(2017). *Winning at new products: Creating value through innovation.* Basic Books.

Kelley, T. & Kelley, D.(2013). *Creative confidence.* Crown Business.

Tidd, J. & Bessant, J.(2020). *Managing innovation.* Wiley.

Ulwick, A. W.(2005). *What customers want.* McGraw-Hill.

04
시장분석

사업 계획서에서 시장분석은 사업의 성공 가능성과 시장에서의 경쟁력을 평가하는 필수 단계이다. 이는 목표 시장의 타당성과 경제적 가치를 투자자에게 전달하는 것이다. 주요 내용은 TAM, SAM, SOM 계산, 경쟁사 분석, 소비자 행동, 시장 동향 평가이다. 본 장에서는 챗봇에 데이터를 첨부하고 지침에 주요 프로세스를 제시하며 프롬프트에 작동 지시 사항을 입력함으로써, 정교한 분석 결과를 쉽게 작성하는 방법을 다룬다.

AI와 사주?

사업 계획서의 시장분석이란 무엇인가?

사업 계획서에서 시장분석은 특정 제품이나 서비스가 진입하려는 시장에 대한 구조적 이해를 제공하는 과정으로, 사업의 가능성을 평가하는 데 필수적이다. 시장분석은 시장 규모, 고객 니즈, 경쟁 환경, 시장 동향 등을 포함하여 투자자나 이해관계자들에게 사업의 성장 가능성과 수익성을 입증하는 자료로 활용된다. 이는 사업 성공 가능성을 예측하고, 효과적인 시장 진입 전략을 수립하는 데 필수적인 단계로 간주된다.

시장분석의 중요성

시장을 정확히 분석하는 과정은 단순한 사업 계획서 작성 이상의 의미를 지닌다. 이는 사업의 성공 여부를 결정짓는 주요 요소로, 다음과 같은 이점을 제공한다. 첫째, 철저한 시장분석은 사업이 직면할 잠재적인 위험을 사전에 식별하고 이를 완화하는 데 기여한다. 둘째, 시장의 크기와 성장 가능성을 데이터로 입증함으로써 투자자들의 신뢰를 얻을 수 있다. 셋째, 경쟁사의 강점과 약점을 파악하여 효과적인 차별화 전략을 구축할 수 있다. 넷째, 소비자 요구와 행동을 분석하여 제품이나 서비스가 소비자의 기대에 부합하도록 방향성을 제시한다.

시장분석의 주요 구성 요소

시장분석은 다음과 같은 핵심 요소를 포함하여 수행된다.

시장 규모 평가 (TAM, SAM, SOM 분석)

TAM(Total Addressable Market, 총 시장 규모)은 해당 제품이나 서비스가 진입할 수 있는 전체 시장 규모를 의미한다. SAM(Serviceable Available Market, 접근 가능 시장 규모)은 TAM 중에서 기업이 실제로 접근할 수 있는 시장의 크기를 나타낸다. SOM(Serviceable Obtainable Market, 확보 가능한 시장 점유율)은 SAM 중에서 기업이 현실적으로 확보할 수 있는 시장 점유율을 반영한 시장 규모이다.

시장 동향 분석

산업 성장률, 최신 기술 동향, 소비자 트렌드, 정책 변화 등 시장 성장 가능성에 영향을 미치는 요소를 분석한다. 예를 들어, "친환경 소비 트렌드가 강화됨에 따라 지속 가능성이 높은 제품의 시장 수요가 증가하고 있다"고 기술할 수 있다.

경쟁사 분석

시장 내 주요 경쟁사를 선정하고, 각 기업의 시장 점유율, 제품 특징, 가격 전략 등을 비교 분석한다. 경쟁사의 강점과 약점을 도출하여 본 사업의 차별성을 강조하는 전략을 수립한다.

소비자 분석

주요 고객 세그먼트를 정의하고, 소비자의 구매 행동, 선호도, 가격 민감도를 조사한다. 예를 들어, "20~30대 밀레니얼 세대는 지속 가능성을 고려한 브랜드를 선호하며, 온라인 구매 비중이 높다"는 식으로 설명할 수 있다.

챗봇으로 시장분석 쓰기

AI 챗봇은 시장분석 작성 과정에서 방대한 데이터를 처리하고 체계화하는 데 매우 유용하다. 이를 활용하면 분석의 속도와 정확성을 높일 수 있으며, 작성 과정이 보다 쉽다. AI 챗봇을 활용한 시장분석 작성 방법은 다음과 같다.

이름

시장분석 전문가

설명

"앞에서 설명한 제품과 서비스의 TAM, SAM, SOM을 포함한 시장 규모를 추정하고 고객 니즈, 경쟁 환경, 시장 동향 등을 포함하여 투자자나 이해관계자들에게 사업의 성장 가능성과 수익성을 입증하는 자료를 정리하는 일을 수행하시오."

지침 1(간단한 지침)

"다음 내용을 포함하여 시장을 분석한다: TAM (전체 시장 규모), SAM (접근 가능 시장), SOM (확보 가능한 시장 점유율), 경쟁사 분석 (주요 경쟁사 및 강점/약점), 시장 동향 (최근 산업 변화 및 성장 가능성)"

지침(상세한 지침)

"다음 내용을 포함하여 시장을 분석한다:

· 시장 규모

TAM: 목표 시장의 전체 규모를 의미하며, 특정 제품이나 서비스에 대해서 독점했을 때의 최대 시장의 크기

SAM: TAM 중에서 일부 시장 규모이며, 기업이 실제로 접근 가능하고 제공할 수 있는 시장의 크기

SOM: SAM에서 현실적으로 확보 가능한 시장 점유율을 반영한 시장규모

· 시장 동향 분석: 최근 기술 발전과 소비자 행동 변화는 시장 성장을 이끄는 주요 동력을 설명한다.

· 경쟁 분석: 경쟁사의 시장 점유율, 제품의 차별화 전략, 브랜드 인지도 등 이를 통해 기업의 포지셔닝을 어떻게 설정하는지를 설명한다.

· 소비자 분석: 고객 세그먼트를 정의하고, 각 세그먼트의 요구 사항, 구매 행동, 가격 민감도 등을 설명한다."

지식에 첨부할 지원 자료

산업 보고서와 경쟁사 정보

시장 동향과 소비자 행동에 관한 통계 자료

프롬프트 입력 예시

"지식에 첨부된 데이터를 기반으로, 시장분석의 주요 요소(TAM, SAM, SOM, 경쟁사 분석, 시장 동향, 소비자 분석)를 포함하여 논리적으로 작성하시오."

챗봇의 초안 결과물

"글로벌 화장품 시장의 TAM은 약 5000억 달러이며, 연

평균 성장률(CAGR)은 5.1%로 전망된다. 이 중 한국 시장은 약 150억 달러 규모의 SAM을 형성하고 있으며, 친환경 스킨케어 제품에 대한 수요가 특히 높다. SOM 측면에서는 스타트업이 현실적으로 확보 가능한 시장 점유율이 2%로 평가되며, 이는 약 3억 달러 규모의 매출 기회를 제공한다. 주요 경쟁사로는 A사 (품질 우위), B사 (가격 경쟁력)가 있으며, 이들은 지속 가능성 관련 대응이 미흡한 것으로 나타났다. 소비자 분석 결과, 고객들은 환경 친화적 패키징과 비건 성분을 포함한 제품을 선호하는 경향을 보였다."

결론

시장분석은 사업 계획서의 신뢰성을 높이고, 투자자와 이해관계자에게 사업의 가능성을 입증하는 핵심 과정이다. 특히, AI를 활용하면 시장 규모의 추정과 경쟁자 분석, 소비자 분석을 더 명확히 정의할 수 있습니다. 본 장에서 제시한 시장분석 방법론을 적용하면, 사업의 성장 가능성을 극대화할 수 있으며, 효과적인 마케팅 전략을 수립하는 데 기여할 수 있다.

참고문헌

Kotler, P. & Keller, K. L.(2022). *Marketing management.* Pearson.

Narver, J. C. & Slater, S. F.(1990). The effect of a market orientation on business profitability. *Journal of Marketing*, 54(4).

Porter, M. E.(2008). *Competitive strategy.* Free Press.

05
비즈니스 모델

비즈니스 모델은 사업의 가치 전달 방식과 수익 창출 구조를 설명하며, 사업 성공의 핵심 전략을 제시한다. 이는 사업의 지속 가능성과 성장 가능성을 투자자에게 설득하는 아주 중요한 도구이다. 주요 내용은 목표 고객, 가치 제안, 제공 방식, 수익 모델, 성장 모델이다. 본 장에서는 챗봇에 데이터를 첨부하고 지침에 주요 프로세스를 제시하며 프롬프트에 작동 지시 사항을 입력함으로써, 자신에게 적합한 비즈니스 모델을 도출해서 효과적으로 전달하는 방법을 다룬다.

AI와 아이돌?

사업 계획서의 비즈니스 모델이란

비즈니스 모델은 기업이 고객에게 가치를 창출하고 전달하며 이를 통해 수익을 창출하는 방법을 체계적으로 설명하는 구조이다. 이는 단순한 아이디어가 아닌, 회사의 사업 전략을 구체적으로 실행 가능한 형태로 전환한 청사진이라고 할 수 있다. 특히, 투자자와 이해관계자들에게 회사의 운영 방식과 재무적 가능성을 설득하기 위한 필수적인 도구로 작용한다.

비즈니스 모델의 중요성

비즈니스 모델은 사업의 성공 가능성을 보여주는 중요한 요소로, 여러 가지 이유에서 핵심적이다. 우선, 투자자를 설득하기 위한 도구로 사용되며, 사업이 어떻게 수익성을 확보할 것인지를 명확히 보여준다. 또한, 전략적 지침으로 작용하여 기업이 자원을 효과적으로 배분하고 방향성을 설정하도록 돕는다. 더불어, 시장에서의 적합성을 평가하여 고객에게 제공할 가치와 그 가치를 전달할 방법을 설명함으로써 시장 경쟁력을 확보할 수 있다. 마지막으로, 비즈니스 모델은 확장 가능성을 검토하는데 유용하며, 이를 통해 장기적인 성장 전략을 도출할 수 있다.

적합한 새로운 비즈니스 모델 찾아내기

자신에게 적합한 새로운 비즈니스 모델을 찾아내는 일은 쉬운 일은 아니지만 그 방법을 익히면 생각보다 어려운 일은 아닐 수 있다. 여기서는 다음의 두 가지 방식 즉, 벤치마킹 방식과 새로운 축을 세워 새로운 시장 공간을 창출하는 방식을 제시하고자 한다.

벤치마킹 방식

이미 다른 산업에서 성공한 비즈니스 모델을 자신의 사업에 맞게 수정하고 적용하는 방식이다. 이를 통해 시장에서 검증된 접근법을 활용하면서도 차별화를 도모할 수 있다. 이를 위해서는 먼저 다양한 산업에서 성공적인 모델을 탐색한다. 예를 들어, Netflix와 Spotify의 구독 모델은 지속적인 수익 창출을 가능하게 하며, Dropbox와 Evernote의 Freemium 모델은 무료 서비스를 통해 고객을 유치하고 고급 기능으로 수익을 창출하는 전략을 제공한다.

이러한 모델들을 자신의 사업에 맞게 적용 가능성을 분석해야 한다. 주요 질문으로는 "이 모델이 내 산업에서 작동할 수 있는가?" 또는 "고객에게 어떤 가치를 제공할 수 있는가?" 등이 있다. 이후, 해당 모델을 자신의 고객과 시장 상황에 맞게 조정하며, 소규모로 테스트한 후 성과를 검증하고 피드백을 반영하여 최적화한다. 예컨대, IoT 기반의 축산 로봇웨어 사업에서는 구독 모델을 활용해 정기적인 유지보수 및 소프트웨어 업데이트를 제공하는 방식이 유효할 수 있다.

새로운 시장의 공간을 창출하는 방식

새로운 시장 공간을 창출하기는 기존 시장에서 경쟁자들이 인식하지 못한 기회를 발견하고 이를 통해 독자적인 경쟁 영역을 개척하는 방식이다.

첫 번째는 대체 산업을 관찰하는 것이다. 고객은 종종 서로 다른 산업의 제품이나 서비스를 비교하며 선택한다. 이 과정에서 고객이 진정으로 중요하게 생각하는 가치를 파악하면 기존 시장과는 전혀 다른 새로운 기회를 발견할 수 있다. 예를 들어, 넷플릭스는 DVD 대여 산업과 TV 방송 산업이라는 대체 산업을 넘어 스트리밍 서비스를 통해 새로운 시장을 개척했다.

두 번째는 산업 내 전략 집단의 경계를 허무는 것이다. 같은 산업 내에서도 가격, 품질, 서비스 등의 기준에 따라 다양한 전략 집단이 존재한다. 이러한 경계를 무너뜨리고 고객이 가치를 인식하는 방식을 재정의하면 새로운 시장을 창출할 수 있다. 토요타의 렉서스는 고급차와 일반차 시장의 경계를 허물고 '합리적인 가격의 고급차'라는 새로운 시장을 열었다.

세 번째는 구매자 사슬을 재정의하는 방법이다. 대부분의 산업은 특정 구매자 집단에 초점을 맞추고 있지만, 구매자 사슬의 다른 단계(예: 사용자, 영향력 있는 사람들)에 주목하면 새로운 수요를 창출할 수 있다. 예를 들어, 제약 산업에서는 의사가 아닌 환자에게 직접 마케팅을 집중함으로써 건강 보조식품 시장과 같은 새로운 시장을 개척했다.

네 번째 방법은 보완재와의 관계를 재정의하는 것이다. 제품이나 서비스는 단독으로 사용되는 것이 아니라 보완재와 함께할 때 더 큰 가치를 창출한다. 이 보완재에 대한 시각을 전환하면 새로운 수익 기회를 발견할 수 있다. 애플의 iPod와 iTunes의 결합은 단순한 MP3 플레이어가 아닌 음악 콘텐츠 유통이라는 새로운 시장을 창출한 대표적인 사례이다.

다섯 번째는 기능적 · 감성적 호소력의 전환이다. 어떤 산업은 기능적 효율성을 강조하고, 어떤 산업은 감성적 가치를 강조한다. 이러한 패러다임을 전환하면 새로운 고객층을 유치할 수 있다. 스타벅스는 단순한 커피 판매가 아닌 '경험'을 판매하며 감성적 가치를 강조하는 새로운 커피 문화를 창출했다.

마지막으로 시간의 흐름을 활용하는 방법이 있다. 기술 발전, 규제 변화, 사회적 트렌드 등의 외부 변화는 새로운 시장 창출의 기회가 될 수 있다. 테슬라는 친환경 에너지와 전기차 트렌드를 선도하며 기존 자동차 산업과 차별화된 새로운 시장을 개척했다.

이러한 여섯 가지 방법은 기업이 기존 경쟁의 틀을 깨고, 새로운 성장 기회를 발굴하는 데 중요한 전략적 지침을 제공한다.

벤치마킹과 새로운 시장 공간 창출 방식은 독립적으로 사용될 수 있지만, 두 가지를 통합하면 시너지가 극대화된다. 이 두 가지 접근법은 비즈니스 모델을 혁신적으로 구축하고 시장에서 경쟁 우위를 확보하는 데 효과적인 도구가 된다.

비즈니스 모델을 효과적으로 표현하기

앞에서 자신에게 적합한 새로운 비즈니스 모델을 찾아냈으면 이제 이를 효과적으로 표현해야 한다. 여기서는 다음의 두 가지 방식을 소개하고자 한다.

Markham & Lee's의 다섯 가지 구성 요소

먼저 이 방식의 경우, 비즈니스 모델은 대체로 몇 가지 핵심 요소로 구성된다. 먼저 목표 고객은 제품이나 서비스를 제공받을 주된 고객층을 정의한다. 이들은 기업의 주요 타깃이며, 사업의 방향성과 마케팅 전략에 직접적인 영향을 미친다.

다음으로 고객 가치 제안은 고객이 왜 이 제품이나 서비스를 선택해야 하는지에 대한 이유를 설명한다. 이는 경쟁사와 차별화되는 강점과 고객이 얻게 될 실질적인 혜택을 강조해야 한다.

제품 및 서비스 제공 방식은 고객에게 가치를 어떻게 전달할 것인지를 구체적으로 기술한다. 이 부분에서는 기술, 유통 채널, 고객 지원 방식 등이 포함된다.

또한, 수익 모델은 사업이 수익을 창출하는 방식과 그 구조를 다룬다. 구독형 모델, 일회성 판매, 광고 수익 등 다양한 수익 모델이 사용될 수 있으며, 선택된 모델은 사업의 성격과 시장 환경에 맞아야 한다.

마지막으로 성장 모델은 매출 증가 및 사업 확장을 위한 중장기적인 전략을 제시한다. 이를 통해 투자자와 이해관계자들은 사업의 성장 가능성을 확인할 수 있다.

9 Block Canvas 방식

9 Block Canvas는 비즈니스 모델을 간단하고 시각적으로 표현할 수 있는 도구로, 한 장의 캔버스에 사업의 핵심 요소를 모두 담아낼 수 있도록 설계된 프레임워크이다. 이 모델은 고객, 가치 제안, 인프라, 재무와 같은 비즈니스의 중요한 영역을 다루며, 창업자나 기업이 비즈니스 모델을 쉽게 정리하고 공유할 수 있게 도와준다.

9 Block Canvas의 구성 요소는 다음과 같다. 고객 세그먼트(Customer Segments)는 목표 고객이 누구인지 정의하는 부분이다. 기업이 제품이나 서비스를 제공하려는 특정 고객 그룹을 나타낸다. 세분화된 고객 그룹이 있을 수 있으며, 각 세그먼트에 맞춘 맞춤형 전략을 수립해야 한다.

가치 제안(Value Propositions)은 고객에게 어떤 가치를 제공하는지 설명하는 부분이다. 고객이 왜 당신의 제품이나 서비스를 선택해야 하는지, 무엇이 특별한지를 나타낸다. 고객의 문제를 해결하거나, 니즈를 충족시키는 방식이 가치 제안에 포함된다.

채널(Channels)은 고객에게 가치를 전달하는 방법에 대한 설명이다. 제품이나 서비스가 고객에게 어떻게 전달되고, 어떤 경로를 통해 소비되는지를 나타낸다. 온라인, 오프라인, 직접 판매, 유통업체 등을 포함할 수 있다.

고객 관계(Customer Relationships)는 각 고객 세그먼트와 맺는 관계의 유형을 설명한다. 고객과의 관계를 어떻게 관리하고 유지할 것인지, 어떤 방식으로 상호작용할 것인지를 나타낸다. 예를 들어, 맞춤형 서비스, 자동화된 지원, 커뮤니티 형성 등이 포함될 수 있다.

수익 흐름(Revenue Streams)은 고객 세그먼트로부터 수익을 창출하는 방법을 설명하는 부분이다. 고객이 지불하는 방식과 그에 따른 수익모델이 이 부분에 포함된다. 수익모델에는 제품 판매, 구독 서비스, 사용료, 라이선스 수수료 등이 있을 수 있다.

핵심 자원(Key Resources): 비즈니스 모델을 실행하는 데 필요한 자원을 나타낸다. 이러한 자원은 물리적 자산, 지식, 인적 자원, 재무 자원 등을 포함할 수 있다. 예를 들어, 공장, 특허, 기술력, 인력 등이 여기에 해당한다.

핵심 활동(Key Activities)은 비즈니스 모델을 운영하기 위해 반드시 해야 하는 핵심 활동을 설명한다. 가치 제안을 전달하고, 고객과의 관계를 유지하며, 수익을 창출하기 위해 필요한 주요 활동들이 포함된다. 예를 들어, 생산, 마케팅, 연구개발, 유통 등이 있다.

핵심 파트너(Key Partnerships)는 비즈니스 모델을 운영하기 위해 필요한 외부 파트너를 정의한다. 이는 기업이 자체적으로 모든 것을 수행할 수 없기 때문에 주요 공급자나 협력사와의 파트너십을 통해 사업을 운영할 때 필요하다. 예를 들어, 공급업체, 기술 협력사, 유통업체 등이 포함된다.

비용 구조(Cost Structure)는 비즈니스 운영에서 가장 중요한 비용 요소이다. 이 비용 구조에는 고정비용, 가변비용, 규모의 경제 등 다양한 비용 관련 전략이 포함된다. 주요 비용 항목으로는 인건비, 생산비, 마케팅비 등이 있을 수 있다.

챗봇으로 비즈니스 모델 작성하기

이름

비즈니스 모델 개발 전문가

설명

시도하는 사업에 적합한 비즈니스 모델을 도출한 후, 이를 가장 잘 설명하기 위해서 목표 고객, 고객 가치, 제품이나 서비스 제공 방식, 수익 창출 방식, 5년간의 매출 성장 궤적을 설명하는 일을 수행한다.

지침 1(Markham & Lee's 5 Components)
앞에서 도출한 비즈니스 모델을 잘 설명하기 위해서 다음 5가지 요소를 포함시켜 설명한다:

· 목표 고객: "우리는 [고객 그룹]을 주요 타깃으로 한다."
· 제공 가치: "고객이 얻는 주요 혜택은 [혜택]이며, 이는 [고객 세그먼트]에 최적화되었다."
· 제공 방식: "우리는 [제공 방식]으로 제품/서비스를 제공한다."
· 수익 창출 방식: "우리의 주요 수익 모델은 [모델]로, [제품/서비스 제공 방식]을 통해 발생한다."
· 3~5년 매출 성장 계획: "예상 매출 성장은 [매출 데이터]이다."

지침 2(9 Block Canvas)
앞에서 도출한 비즈니스 모델을 잘 설명하기 위해서 다음 9가지 요소를 포함시켜 설명한다:

· 고객 세그먼트(Customer Segments): 목표 고객이 누구인지 정의한다.
· 가치 제안(Value Propositions): 고객에게 어떤 가치를 제

공하는지 설명한다.

- 채널(Channels): 고객에게 가치를 전달하는 방법을 설명한다.
- 고객 관계(Customer Relationships): 각 고객 세그먼트와 맺는 관계의 유형을 설명한다.
- 핵심 자원(Key Resources): 비즈니스 모델을 실행하는 데 필요한 자원을 나타낸다.
- 핵심 활동(Key Activities): 비즈니스 모델을 운영하기 위해 반드시 해야 하는 핵심 활동을 설명한다.
- 핵심 파트너(Key Partnerships): 비즈니스 모델을 운영하는 데 필요한 외부 파트너를 정의한다.
- 비용 구조(Cost Structure): 비즈니스 운영에서 가장 중요한 비용 요소를 나타낸다.
- 수익 흐름(Revenue Streams): 고객 세그먼트로부터 수익을 창출하는 방법을 설명한다.

지식에 첨부할 지원 자료

수익 모델 설명서

고객 세그먼트 정의 자료

기존에 성공한 비즈니스 모델 리스트

프롬프트 입력 예시

"지식에 첨부한 파일을 철저히 분석한 후 이를 기반으로, 비즈니스 모델의 주요 요소(목표 고객, 고객 가치, 제품 및 서비스 제공 방식, 수익 모델, 성장 모델: 매출 성장이 5년간 어떻게 증가하는지)를 근거를 제시하며 상세하게 작성하시오."

챗봇의 초안 결과물

"본 기업은 중소규모 제조업체를 대상으로 AI 기반 재고 관리 솔루션을 제공한다. 주요 고객층은 운영 효율성을 높이고자 하는 중소기업이며, 클라우드 기반 플랫폼을 통해 실시간 데이터 접근성을 보장한다. 수익 모델은 SaaS 구독형 방식으로 설계되었으며, 기본 요금제는 사용자당 월 $100이다. 사업 성장 모델은 다음과 같다. 첫 해에는 초기 고객 확보와 파일럿 프로젝트의 성공을 통해 시장 진입의 발판을 마련하고, 이를 기반으로 고객 사례와 성공 사례를 축적하여 신뢰성을 확보함으로써 10억의 매출을 달성할 예정이다. 둘째 해에는 기존 고객의 추천과 시장 내 평판을 바탕으로 새로운 시장에 진출하고 서비스 범위를 확장함으로써 25억의 매출을 예상한다. 셋째 해에는 확보된 고객 기반을 바탕으로 매출 성장을 가속화하며, 고급 기능 추가와 맞춤형 서비스 제공을 통해 고객당 수익성을 높이는 전략을 구사함으로써 50억의 매출을 예상한다. 이후 넷째 해와 다섯째 해에는 국내 시장에서의 성공을 바탕으로 글로벌 시장으로 진출하여 해외 고객을 확보하고, 이를 통해 지속 가능한 성장을 도모함으로써 80억, 120억 원의 매출을 달성할 계획이다. 이와 같은 전략은 시장 변화에 유연하게 대응하며 사업의 안정성과 확장성을 동시에 추구하는 데 중점을 두고 있다."

결론

비즈니스 모델은 기업의 가치 창출과 수익 창출 구조를 명확히 정의하는 핵심 전략이다. AI를 활용하면 데이터 기반의 인사이트를 통해 보다 정교한 비즈니스 모델을 설계할 수 있으며, 시장 기회를 포착하고 경쟁력을 확보하는 데 기여할 수 있다.

참고문헌

Casadesus-Masanell, R. & Ricart, J. E.(2011). How to design a winning business model. Harvard Business Review.

Gassmann, O., et al.(2014). *The business model navigator*. Pearson.

Johnson, M. W.(2018). *Reinvent your business model.* Harvard Business Review Press.

Osterwalder, A. & Pigneur, Y.(2010). *Business model generation.* Wiley.

Teece, D. J.(2010). Business models, business strategy and innovation. *Long Range Planning*, 43(2–3).

06
생산 및 운영 계획

생산 및 운영 계획은 제품과 서비스를 지속적으로 제공하기 위한 기반을 마련하며, 사업의 안정성과 효율성을 보장한다. 비용 효율성과 품질관리로 경쟁력을 확보하는 데 필수적이다. 주요 내용은 생산 시설, 공급망 관리, 품질보증, 일정 최적화, 인력 배치이다. 본 장에서는 챗봇에 데이터를 첨부하고 지침에 주요 프로세스를 제시하며 프롬프트에 작동 지시 사항을 입력함으로써, 체계적이고 실행 가능한 계획을 간편히 작성하는 방법을 다룬다.

AI와 야구?

사업 계획서의 생산 및 운영 계획이란 무엇인가?

생산 및 운영 계획은 제품이나 서비스가 고객에게 제공되기 위해 이루어지는 모든 물리적, 기술적, 관리적 과정을 다룬 문서이다. 이 섹션은 생산과 운영의 전반적인 프로세스를 체계적으로 설명하며, 해당 사업이 안정적이고 지속 가능하게 운영될 수 있는 구체적인 방안을 제시한다. 예를 들어, 운영 장소 및 시설, 자재 관리, 생산 일정, 인력 계획, 품질보증, 공급망 관리 등을 포함한다. 사업의 성공 여부는 이 계획의 체계성과 실행 가능성에 크게 좌우되며, 투자자나 이해관계자에게 신뢰를 주는 데 중요한 역할을 한다.

생산 및 운영 계획의 중요성

생산 및 운영 계획은 기업의 자원을 최적으로 배분하고 효율성을 극대화하는 데 있어 필수적인 요소이다. 이를 통해 기업은 생산 과잉이나 자재 부족과 같은 낭비를 방지하고 비용을 절감할 수 있다. 또한, 예상치 못한 리스크를 사전에 파악하여 대응 방안을 마련할 수 있도록 돕는다. 이러한 계획은 제품의 품질을 유지하면서도 생산성을 극대화하고, 지속 가능한 운영을 가능하게 한다.

예를 들어, 효율적인 품질관리 시스템은 고객의 신뢰를 확보하고, 공급망 최적화는 납기일 준수와 비용 절감을 실현한다. 따라서 운영 계획은 단순한 실행 전략을 넘어, 기업의 장기적인 성장을 위한 필수적인 기초라고 할 수 있다.

생산 및 운영 계획의 주요 구성 요소

효과적인 생산 및 운영 계획을 수립하기 위해서는 다음과 같은 요소를 포함해야 한다.

생산 및 운영 장소 및 시설

제품 생산 및 서비스 제공을 위한 주요 시설의 위치와 규모를 정의한다. 운영 공간의 최적화를 통해 생산성과 효율성을 향상시킬 방안을 마련한다.

공급망 관리

원자재 조달, 물류, 유통망을 포함하여 생산 과정 전반의 효율성을 극대화한다. 신뢰할 수 있는 공급업체를 선정하고, 공급망의 안정성을 확보하기 위한 전략을 수립한다.

품질관리

제품 및 서비스의 일관된 품질을 유지하기 위한 기준과 절차를 정의한다. ISO 인증과 같은 품질관리 체계를 도입하고, 정기적인 점검 및 개선 프로세스를 마련한다.

생산 일정 최적화

수요 예측을 기반으로 생산 계획을 수립하고, 자원을 효율적으로 배분한다. AI 및 자동화 시스템을 활용하여 실시간으로 생산 일정을 조정하고 최적화한다.

인력 배치 및 교육

운영 프로세스에 적합한 인력을 배치하고, 필요한 교육 및 훈련 프로그램을 제공한다. 인력 효율성을 극대화할 수 있도록 업무 프로세스를 설계한다.

지속 가능성 및 혁신

친환경 생산 공정을 도입하고, 지속 가능한 운영 방안을 마련한다. 탄소 배출 절감 및 에너지 효율성을 고려한 생산 및 운영 전략을 수립한다.

챗봇으로 생산 및 운영 계획 작성하기

이름

생산 및 운영 계획 수립 전문가

설명

생산 및 운영 계획 수립 전문가는 생산 및 운영 프로세스, 자원 관리, 품질관리 시스템을 분석하고 최적의 계획을 수립하는 일을 수행한다.

지침

생산 시설과 장소의 구체적 특성을 정의한다.
공급망의 구성 요소와 협력 파트너를 식별한다.
품질관리 시스템과 리스크 완화 전략을 명시한다.
지속 가능성과 에너지 효율을 강화 방안을 제시한다.

지식에 첨부할 지원 자료

운영 프로세스 매뉴얼
품질관리 계획 문서
공급망 최적화 전략 보고서

프롬프트 입력 예시

"지식에 첨부한 파일을 기반으로, 생산 및 운영 계획의 주요 요소(생산 및 운영 장소 및 시설, 공급망 관리, 품질 관리, 생산 일정 최적화, 인력 배치 및 교육, 지속 가능성 및 혁신)를 포함하여 근거를 제시하며 논리적으로 작성하시오."

"예를 들면, 다음 내용을 포함하여 생산 및 운영 계획을 작성하시오:

운영 장소 및 주요 시설: [위치]에서 이루어지며, 주요 설비는 [설비]이다.

공급망 구성 및 협력 관계: 주요 공급망은 [공급망 구성]을 통해 관리되며, 핵심 협력 파트너는 [파트너]이다.

품질관리 체계: 우리는 [품질관리 시스템]을 기반으로 품질을 보장하며, 정기적인 점검을 실시한다."

챗봇 초안 결과물

"본 기업은 AI 기반 스마트 팩토리를 운영하여 생산 효율성을 극대화하고 있다. 주요 생산 시설은 수도권에 위치하고 있으며, 최적의 공급망을 구축하여 원자재 조달 및 물류 프로세스를 자동화하였다. 품질보증을 위해 ISO 9001 인증을 획득하였으며, AI 기반 검사 시스템을 활용하여 불량률을 30% 감소시켰다. 생산 일정은 실시간 데이터 분석을 통해 조정되며, AI를 활용한 예측 모델을 통해 최적화되고 있다. 운영 인력은 지속적인 교육 프로그램을 통해 최신 기술을 습득하며, 생산성과 품질 향상을 동시에 달성하고 있다."

결론

생산 및 운영 계획은 기업의 지속적인 성장과 경쟁력 확보를 위한 필수 요소이며, 효율적인 운영 전략 수립을 통해 비용 절감과 품질 향상을 동시에 달성할 수 있다.

AI를 활용하면 실시간 데이터 분석과 자동화를 통해 운영 계획을 보다 정교하게 수립할 수 있으며, 이를 통해 기업의 장기적인 성공 가능성을 극대화할 수 있다.

참고문헌

Chase, R. B. & Jacobs, F. R.(2020). *Operations and supply chain management.* McGraw-Hill.

Chopra, S. & Meindl, P.(2018). *Supply chain management: Strategy, planning, and operation.* Pearson.

Heizer, J. & Render, B.(2023). *Operations management.* Pearson.

Krajewski, L. J. & Malhotra, M. K.(2021). *Operations management: Processes and supply chains.* Pearson.

Slack, N. & Brandon-Jones, A.(2019). *Operations and process management*. Pearson.

Stevenson, W. J.(2021). *Operations management*. McGraw-Hill.

07
마케팅 전략

사업 계획서에서 마케팅 전략 부분은 제품과 서비스의 가치를 고객에게 효과적으로 전달하여 시장에서 경쟁 우위를 확보하는 핵심 계획이다. 주요 내용은 고객 세분화, 타기팅, 포지셔닝을 기반으로 하며, 시장 조사와 데이터 활용 방안이 포함되지만 여기서는 주로 4P(Product, Price, Place, Promotion)와 디지털 마케팅 전략, 고객 참여 강화 방안 등을 중점적으로 설명한다. 본 장에서는 챗봇을 활용하여 효율적이고 정밀한 마케팅 전략을 손쉽게 설계하는 방법을 다룬다.

AI와 윤동주?

마케팅 전략이란 무엇인가?

마케팅 전략은 고객의 니즈와 시장의 요구를 파악하고 이를 기반으로 제품이나 서비스를 차별화하여 성공적으로 시장에 자리 잡게 하는 종합적인 계획을 의미한다. 기업은 이를 통해 자원을 효과적으로 활용하며, 경쟁사보다 유리한 위치를 확보할 수 있다.

마케팅 전략은 단순히 광고나 프로모션에만 국한되지 않고, 시장 조사, 제품 개발, 유통 설계, 고객과의 커뮤니케이션 등을 포함한다. 특히, 디지털 기술과 AI의 발전은 전통적인 마케팅 접근 방식에 혁신을 더해 주었으며, 데이터 기반의 정교한 분석과 예측을 통해 더욱 효과적인 전략 설계가 가능하게 되었다.

마케팅 전략의 중요성

효과적인 마케팅 전략은 기업의 지속 가능성과 시장에서의 입지를 결정짓는 핵심 요소이다. 이를 통해 기업은 목표 고객의 니즈를 충족시키고, 자원을 효율적으로 활용하며, 지속 가능한 성과를 창출할 수 있다.

첫째, 마케팅 전략은 목표 시장과 고객을 명확히 정의하도록 돕는다. 이를 통해 기업은 제한된 자원을 효율적으로 사용할 수 있으며, 고객의 기대를 정확히 충족시킬 수 있다.

둘째, 차별화된 가치를 통해 경쟁 우위를 확보할 수 있다. 예를 들어, 특정 고객 문제를 해결하는 맞춤형 솔루션을 제공하면 경쟁사 대비 우위를 점할 수 있다.

셋째, 자원의 효율적인 배분을 가능하게 하여 투자 대비 수익률(ROI)을 극대화한다. 마지막으로, 고객의 만족도와 충성도를 높여 반복 구매와 추천을 유도함으로써 장기적인 고객 관계를 구축한다.

주요 구성 요소: 마케팅 믹스 4P

마케팅 전략은 제품(Product), 가격(Price), 유통(Placement), 홍보(Promotion)라는 네 가지 핵심 요소를 기반으로 설계된다. 이 요소들은 통합적으로 작동하여 시장에서의 성공 가능성을 높인다.

첫째, 제품(Product)은 고객에게 제공되는 핵심 가치의 기반이 된다. 기업은 제품의 차별화된 특징과 이점을 명확히 정의하고, 고객이 직면한 문제를 해결할 수 있는 방식을 제시해야 한다. 브랜드 이미지와 제품 품질이 일치하도록 지속적으로 개선하는 것도 중요하다.

둘째, 가격(Price)은 수익성과 시장 경쟁력을 동시에 고려해야 한다. 기업은 비용 기반 가격 책정과 가치 기반 가격 책정을 조화롭게 설계하며, 단기적으로는 할인과 프로모션을 통해 매출 증대를 도모할 수 있다. 또한, 경쟁사의 가격 전략을 분석하여 최적의 가격을 설정해야 한다.

셋째, 유통(Placement)은 제품이 고객에게 전달되는 경로를 의미한다. 기업은 온라인과 오프라인 채널을 통합적으로 운영하여 접근성을 높이고, 글로벌 시장을 목표로 다국적 유통 네트워크를 구축할 수 있다. 이는 고객이 원하는 제품을 적시에 제공할 수 있도록 설계되어야 한다.

마지막으로, 홍보(Promotion)는 고객과의 효과적인 커뮤니케이션을 통해 브랜드 가치를 전달한다. 디지털 중심의 접근 방식인 소셜 미디어 캠페인, 인플루언서 마케팅 등을 활용하면 고객 참여를 유도할 수 있다.

챗봇으로 마케팅 전략 작성하기

챗봇 이름

마케팅 전략 수립 전문가

설명

제품, 가격, 유통, 홍보에 대한 구체적인 마케팅 믹스를 제안하는 일을 수행한다.

지침

챗봇은 다음 순서로 마케팅 전략을 설계한다. 첫째, 고객 데이터와 시장 정보를 철저히 분석하여 통찰력을 제공한다. 둘째, 제품의 강점과 차별성을 중심으로 마케팅 메시지를 설계한다. 셋째, 가격 전략에서는 경쟁사와의 비교를 통해 고객 가치와 수익성을 모두 충족하는 방안을 제안한다. 넷째, 유통 채널의 효율성을 평가하고, 고객 접근성을 높이는 전략을 수립한다. 마지막으로, 홍보 전략은 데이터 기반으로 개인화된 캠페인을 중심으로 실행 방안을 제공한다.

지식에 첨부할 지원 자료

고객 세분화 데이터
경쟁사의 가격 정책 보고서
주요 유통 네트워크 데이터
최신 소비자 트렌드 및 소셜 미디어 반응

프롬프트 입력 예시

"지식에 첨부한 파일을 철저히 분석한 후 이를 기반으로,

마케팅 믹스 4P의 주요 요소(제품, 가격, 유통, 홍보)를 근거를 제시하며 상세하게 작성하시오.”

“예를 들면, 다음 내용을 포함하여 마케팅 전략 믹스 4P를 설명하시오:

제품(Product): 고객의 문제를 해결하는 제품의 주요 특징과 가치를 서술한다.

가격(Price): 시장에서의 경쟁력과 수익성을 고려한 가격 전략을 작성한다.

유통(Placement): 주요 유통 채널과 접근 방식을 기술한다.

홍보(Promotion): 고객 참여를 유도할 홍보 캠페인과 도구를 설명한다.”

챗봇의 초안 결과물

우리의 제품은 AI 기반 분석 기능을 통해 고객이 데이터를 효율적으로 관리하고 활용할 수 있도록 설계되었다. 경쟁 제품보다 15% 낮은 도입 비용으로 시장 점유율을 빠르게 확보하며, SaaS 모델을 통해 글로벌 고객에게 즉시 배포할 수 있다. 홍보 전략으로는 고객 성공 사례와 후기 기반의 소셜 미디어 캠페인을 통해 신뢰를 구축하고, 콘텐츠 마케팅으로 기술적 차별화를 강조한다.

결론

AI는 마케팅 전략 수립 과정에서 데이터 기반의 정확성과 개인화된 접근 방식을 제공한다. AI를 활용하면 고객 행동을 예측하고, 실시간으로 변화하는 시장 트렌드에 대응하며, 캠페인 성과를 지속적으로 개선할 수 있다. 본 장에서 논의한 AI 활용 방법과 사례는 효과적인 마케팅 전략 설계에 실질적인 도움을 줄 것이다.

참고문헌

Aaker, D. A.(2017). *Strategic market management.* Wiley.

Cespedes, F. V.(2014). *Aligning strategy and sales.* Harvard Business Review Press.

Chaffey, D. & Ellis-Chadwick, F.(2022). *Digital marketing: Strategy, implementation, and practice.* Pearson.

Godin, S.(2018). *This is marketing.* Portfolio.

Kotler, P. & Armstrong, G.(2020). *Principles of marketing.* Pearson.

Ries, A. & Trout, J.(2001). *Positioning: The battle for your mind.* McGraw-Hill.

08
재무 계획

재무 계획은 사업의 수익성, 비용 구조, 자금 조달 및 사용 계획을 명확히 제시하여 투자자에게 사업의 안정성과 지속 가능성을 입증하는 데 중추적인 역할을 한다. 주요 내용은 재무상태표, 현금흐름표, 손익계산서 등의 재무제표와 손익분기점 분석, 소요 자금과 투자 필요 금액 등을 포함한다. 본 장에서는 챗봇으로 신뢰성 높은 재무 계획을 간편히 작성하는 방법을 다룬다.

AI와 한의학?

사업 계획서의 재무 전략이란 무엇인가?

재무 전략은 사업의 현재 재정 상태를 분석하고 미래 성장 가능성을 수치화하여 제시하는 중요한 계획이다. 이는 투자 유치, 사업의 지속 가능성 확보, 경영 전략 수립에 필요한 재무적인 근거를 제공한다. 재무 전략은 재무제표(재무상태표, 손익계산서, 현금흐름표)를 바탕으로 이루어지며, 손익분기점(BEP) 분석, 자금 조달 방법, 자금 사용 계획 등을 포함한다.

재무 전략의 중요성

재무 전략은 기업 운영의 방향성을 설정하고, 투자자와의 소통을 위한 주요 자료로 사용된다. 재정 상태를 체계적으로 분석함으로써 경영진은 자원의 최적 배분을 실현할 수 있으며, AI와 같은 기술을 활용하면 더욱 효율적이고 신뢰성 있는 데이터를 생성할 수 있다. 이를 통해 불확실성을 줄이고 데이터 기반의 의사결정을 촉진할 수 있다.

재무 전략의 주요 구성 요소

재무 전략의 기본 구성 요소는 다음과 같다.

재무제표 작성

재무상태표는 특정 시점의 자산, 부채, 자본을 정리하여 재정 건전성을 진단한다. 손익계산서는 일정 기간 동안의 수익성과 비용 구조를 파악하여 경영 효율성을 평가한다. 현금흐름표는 영업, 투자, 재무 활동의 현금 흐름을 분석하여 유동성을 예측한다.

손익분기점 분석

총비용과 총수익이 동일한 시점을 계산하여 수익성과 비용의 균형을 이해한다. 이 분석은 가격 정책과 생산 전략 수립에 중요한 데이터를 제공한다.

자금 조달 및 사용 계획

대출, 투자 유치, 자금 운용 등 다양한 조달 방법을 평가하여 최적의 전략을 도출한다. 조달된 자금을 효율적으로 배분하고 사용 시점을 최적화한다.

챗봇으로 재무 전략 작성하기

이름

재무 계획 수립 전문가

설명

3~5년 재무제표(재무상태표, 손익계산서, 현금흐름표), 예측, 손익분기점, 소요 자금 및 조달 방법, 투자 요청 등을 작성하는 일을 수행한다.

지침

"지식에 첨부한 파일을 철저히 분석한 후 이를 기반으로 지침에 따라 근거를 제시하며 다음 정보를 포함한 재무계획을 작성하시오:

· 예상 매출과 비용: '우리의 예상 매출은 [예상 매출], 연간 운영 비용은 [예상 비용]이다.'

· 손익분기점 분석: '손익분기점은 [기간 또는 매출 수준]에 도달할 것으로 예상된다.'

· 자금 요청과 사용 계획: '필요한 자금은 [자금 규모]이며, 이 자금은 [사용 계획: 예. R&D, 운영비, 마케팅]에 활용된다.'

· 재무 가정: '이 예측은 [가정: 예. 시장 성장률, 판매량 증가 등]을 기반으로 작성되었다.'

· 리스크 평가 및 완화: '잠재적 재무 리스크는 [리스크 요약]이며, 이를 관리하기 위해 [완화 계획]을 실행한다.'"

지식에 첨부할 지원 자료

최신 재무 데이터

예상 매출 및 비용 자료

자금 조달 옵션에 대한 분석 자료

프롬프트 입력 예시

"지식에 첨부한 파일들을 철저히 분석한 후 다음 정보를 포함하여 재무 전략 초안을 작성하시오:

· 재무상태표: 현재 자산, 부채, 자본

· 손익계산서: 예상 수익, 비용

· 현금흐름표: 현금 유입, 유출 및 예측

· 손익분기점 분석: BEP 계산 및 분석

· 소요 자금, 자금 조달 방법, 자금 사용처"

챗봇의 초안 결과물

· 재무상태표

본 기업의 재무상태표는 자산, 부채, 자본의 구조를 통해 기업의 재정 건전성을 진단하는 중요한 지표입니다. 총자산은 15억 원으로, 이는 유동자산 5억 원과 비유동자산 10억 원으로 구성됩니다. 유동자산에는 현금 및 현금성 자산 1억 원, 매출채권 1억 5천만 원, 재고자산 2억 5천만 원이 포함되어 있으며, 이는 단기적인 운영 자금 확보와 유동성 관리의 기반이 됩니다.

비유동자산은 유형자산 7억 원, 무형자산 2억 원, 투자자산 1억 원으로 구성되어 있습니다. 유형자산은 기계, 설비, 건물 등 물리적 자산이며, 무형자산은 지적 재산권이나 소프트웨어 등 비물질적 가치를 반영합니다. 투자자산은 외부 투자로부터 발생하는 수익 창출 가능성을 나타냅니다.

부채는 총 7억 원으로, 유동부채 3억 원과 비유동부채 4억 원으로 나뉩니다. 유동부채에는 매입채무 1억 원과 단기차입금 2억 원이 포함되어 있어, 단기적인 상환 의무를 보여줍니다. 비유동부채는 장기차입금 4억 원으로, 이는 장기 투자와 기업의 성장 전략에 필요한 자금을 조달하는 역할을 합니다.

자본은 총 8억 원이며, 이는 자본금 5억 원, 자본잉여금 1억 원, 이익잉여금 2억 원으로 구성되어 있습니다. 자본금은 기업의 설립 자본을 의미하고, 자본잉여금은 추가 투자 또는 자산 재평가를 통해 발생한 금액입니다. 이익잉여금은 기업의 누적된 순이익에서 배당 등을 제외한 금액으로, 기업의 성장과 재투자 가능성을 나타냅니다.

· 손익계산서

손익계산서는 일정 기간 동안 기업의 수익성과 경영 성과를 평가하는 지표로, 매출액, 비용, 이익을 통해 기업의 재무 건전성을 보여줍니다. 본 기업의 연간 매출액은 12억 원이며, 이는 제품 및 서비스 판매를 통해 발생한 수익입니다.

매출원가는 8억 원으로, 이는 제품 생산과 서비스 제공에 직접적으로 투입된 비용입니다. 이를 차감하면 매출총이익은 4억 원으로 계산됩니다. 이익에서 판매비와 관리비 2억 원을 차감하면 영업이익은 2억 원이 됩니다. 판매비와 관리비에는 인건비, 마케팅 비용, 사무실 운영비 등이 포함됩니다.

영업이익에 기타수익 5천만 원과 기타비용 3천만 원을 반영한 후, 법인세 차감 전 순이익은 2억 2천만 원으로 산출됩니다. 이후 법인세 비용 6600만 원을 차감하면 당기순이익은 1억 5400만 원입니다. 이 수치는 기업의 순수익을 나타내며, 사업의 수익성을 가늠하는 핵심 지표로 활용됩니다.

· 현금흐름표

현금흐름표는 일정 기간 동안 기업의 현금 유입과 유출을 기록하여 기업의 유동성 상태를 파악하는 재무제표입니다. 이는 영업활동, 투자활동, 재무활동으로 구분됩니다.

영업활동으로 인한 현금흐름은 당기순이익 1억 5400만 원을 기반으로 감가상각비 3천만 원, 대손상각비 1600만 원 등 비현금 항목을 가산하고, 운전자본의 변동으로 매출채권 증가 1천만 원, 재고자산 증가 1천만 원을 반영하여 최종적으로 1억 8천만 원의 현금이 창출되었습니다.

투자활동으로 인한 현금흐름에서는 유형자산의 취득으로 5천만 원이 유출되었고, 투자자산 처분을 통해 2천만 원이 유입되었습니다. 이에 따라 순투자활동 현금흐름은 -3천만 원으로 나타납니다.

재무활동으로 인한 현금흐름은 단기차입금 증가로 1억 원의 현금 유입이 있었으며, 배당금 지급으로 5천만 원의 현금이 유출되어 순현금흐름은 5천만 원의 유입으로 집계되었습니다.

최종적으로 영업, 투자, 재무 활동을 모두 반영한 현금의 순증가액은 2억 원이며, 기초 현금 및 현금성 자산

1억 원과 합산하면 기말 현금 및 현금성 자산은 3억 원으로 마무리됩니다.

· 손익분기점 분석
고정비: 5억 원
변동비율: 50%
손익분기점 매출: 10억 원

· 자금 조달 및 사용 계획
필요 자금: 10억 원
조달 방법: 대출 60%, 투자 유치 40%
사용 계획: 연구개발(50%), 마케팅(30%), 운영비(20%)

결론

AI 기반의 재무 전략 도구는 데이터 분석과 보고서를 자동화하여 시간과 노력을 크게 절감한다. 이를 통해 효율적인 자원 배분과 데이터 기반의 신뢰성 높은 의사결정을 가능하게 한다. 사업 계획서의 재무 전략은 사업의 성공 가능성을 높이는 중요한 도구이며, 이를 잘 활용한다면 투자자 설득과 기업 경영 모두에서 유리한 위치를 차지할 수 있다.

참고문헌

Brigham, E. F. & Ehrhardt, M. C.(2019). *Financial management: Theory & practice*. Cengage Learning.

Higgins, R. C., et al.(2022). *Analysis for financial management*. McGraw-Hill.

Horngren, C. T. & Sundem, G. L.(2013). *Introduction to financial accounting*. Pearson.

Pinson, L.(2006). *Steps to small business start-up*. Kaplan.

Ross, S. A., et al.(2021). *Corporate finance*. McGraw-Hill.

09
시장 진출 계획 및 중장기 확장 전략

시장 진입, 확장 및 출구 전략은 사업의 시작, 성장, 마무리를 체계적으로 제시하는 중요한 요소이다. 주요 내용은 목표 시장 선정, 시장 진입 방식, 글로벌 확장 계획, IPO 및 M&A와 같은 출구 전략을 포함한다. 본 장에서는 챗봇에 전략 데이터를 첨부하고 주요 프로세스를 지침에 제시하며 프롬프트에 작동 지시 사항을 입력함으로써, 실행 가능한 전략을 효율적으로 설계하는 방법을 다룬다.

AI와 화장품?

진입 전략, 확장 전략, 출구 전략이란 무엇인가?

진입 전략은 기업이 새로운 시장에 진출하기 위해 설계하는 종합적 계획으로, 시장분석부터 실행 계획까지 모든 단계를 포함한다. 이를 통해 기업은 초기 시장에서 경쟁력을 확보하고, 안정적으로 자리 잡기 위한 기반을 마련할 수 있다. 주요 단계는 목표 시장분석, 진입 모델 설계, 실행 계획 수립 등으로 구성된다.

확장 전략은 기업이 시장 내에서의 위치를 강화하고 지속 가능한 성장을 이루기 위해 사용하는 전략이다. 이는 기존 시장의 점유율 확대, 신시장 개척, 제품 및 서비스 다각화, 그리고 글로벌화 전략을 포함한다. 확장 전략은 중장기적인 기업 성장 목표와 맞닿아 있으며, 효율적인 자원 배분과 실행을 통해 시장 내 우위를 유지하고자 한다.

출구 전략은 기업이 투자 회수나 사업 종료를 위해 체계적으로 설계하는 계획으로, IPO(기업공개), M&A(인수합병), 자산 매각, 또는 일부 사업 부문의 정리를 포함한다. 이 전략은 기업의 가치를 극대화하고 투자자에게 신뢰를 제공하며, 기업 생애 주기 마지막 단계에서 핵심적인 역할을 한다.

진입, 확장, 출구 전략의 중요성

진입 전략, 확장 전략, 출구 전략은 기업의 사업 수명 주기 전반에 걸쳐 성공을 결정짓는 중요한 요소이다.

진입 전략은 기업이 시장에 첫발을 내딛는 단계에서 필수적이다. 적절한 진입 전략이 없으면 기업은 초기 자본과 시간의 낭비를 초래할 수 있다. 신중하게 설계된 전략은 자원 활용의 효율성을 극대화하고 초기 시장에서 경쟁 우위를 확보하게 한다.

확장 전략은 기업이 지속적으로 성장하며 시장 내에서의 입지를 강화하는 데 필수적이다. 이를 통해 기업은 새로운 기회를 포착하고 기존 시장에서의 입지를 공고히 하며, 장기적으로 안정적인 수익 창출 기반을 마련할 수 있다.

출구 전략은 사업의 마지막 단계에서 기업의 가치를 극대화하고, 투자자와 이해관계자에게 신뢰를 제공한다. 최적의 시점에서 실행된 출구 전략은 기업의 재무적 성과를 최상으로 끌어올리고, 이해관계자의 기대를 충족할 수 있다.

주요 구성 요소

진입 전략의 구성 요소

· 목표 시장 선정 및 분석

AI를 활용하여 시장 규모(TAM, SAM, SOM), 연평균 성장률(CAGR), 시장 성숙도 등을 분석한다. AI는 다양한 데이터를 기반으로 유망 시장을 도출하고, 시장의 잠재력을 예측한다. 예를 들어 식물성 식품 시장의 경우, "아시아 지역의 5년간 CAGR이 15% 이상"이라는 통찰을 제공한다.

· 경쟁 환경 분석

경쟁사의 시장 점유율, 주요 제품, 가격 전략, 강점과 약점을 파악한다. AI는 경쟁사가 점유하지 못한 틈새시장을 식별하거나, 경쟁사가 취약한 영역을 기반으로 진입 기회를 제공한다.

· 진입 모델 설계

다양한 진입 모델(직접 판매, 파트너십, 프랜차이즈 등)의 비용, 리스크, ROI(Return on Investment)를 비교 분석한다. AI는 각 모델의 예상 성과를 시뮬레이션하여 가장 적합한 방안을 추천한다.

· 최적의 진입 채널 선택

AI는 소비자 행동 데이터와 선호도를 분석하여 진입에 가장 효과적인 채널(온라인, 오프라인, 소셜 미디어 등)을 추천한다. 예를 들어, 특정 지역에서는 소셜 미디어 광고가 가장 효과적이라는 결과를 도출할 수 있다.

· 실행 계획

시장 진입 과정에서의 법규와 규제 요건을 준수하는 계획을 포함한다. AI는 목표 시장의 법적 및 규제적 요건을 분석해 실행 계획을 체계화한다.

확장 전략의 구성 요소

· 신시장 탐색 및 분석

AI는 글로벌 경제 데이터, 소비자 행동 패턴, 기술 트렌드를 기반으로 확장이 가능한 신시장을 탐색한다. 신시장의 특성을 분석하여 구체적인 기회와 리스크를 제공한다.

· 제품 다각화 전략

AI는 고객 데이터를 분석하여 기존 제품군에 새로운 제품 또는 서비스를 추가할 가능성을 평가한다. 이는 고객의 니즈를 충족하고 매출원을 다변화하는 데 도움이 된다.

· 글로벌화 전략 및 로컬라이제이션
글로벌 시장 확장 시 현지 고객의 문화적 차이를 분석하고, 맞춤형 전략을 설계한다. 현지화(Localization) 실행을 통해 마케팅 콘텐츠를 현지 언어로 번역하고 문화적 선호에 맞게 조정한다.

· 비용 최적화 및 운영 효율성 강화
AI는 물류, 생산, 공급망의 효율성을 극대화하여 확장 비용을 절감한다. 이는 글로벌 시장 진출 과정에서 중요한 요소로 작용한다.

출구 전략의 구성 요소

· 출구 시나리오 시뮬레이션
AI는 IPO, M&A, 자산 매각 등 다양한 출구 전략에 대한 시뮬레이션을 통해 최적의 선택을 제공한다.

· 시장 조건 및 타이밍 분석
시장 동향, 경제지표, 경쟁 상황을 기반으로 출구 전략 실행에 적합한 시점을 예측한다.

· 기업 가치 극대화

AI는 자산 매각, 특정 부문 투자 강화 등을 통해 기업 가치를 극대화하는 방법을 제안한다.

챗봇으로 진입, 확장, 출구 전략 작성하기

챗봇 이름

시장 진출 및 확장 전략 개발 전문가

설명

AI를 기반으로 기업의 진입 전략, 확장 전략, 출구 전략을 체계적으로 작성하는 일을 수행한다.

지침

사용자는 챗봇에 다음과 같은 질문을 입력해 상세한 답변을 받을 수 있다.

진입 전략: 목표 시장, 진입 시점, 진입 방법

확장 전략: 확장 지역, 시점, 방법

출구 전략: 출구 형태, 시점, 실행 방법

프롬프트 입력 예시

"지식에 첨부한 파일들을 철저히 분석한 후 다음 정보를 포함하여 진입 전략, 확장 전략, 출구 전략을 설명하시오:

· 진입 전략: 어디로 진입할 것인가? 언제 진입할 것인가? 어떻게 진입할 것인가?

· 확장 전략: 어디로 확장할 것인가? 언제 확장할 것인가? 어떻게 확장할 것인가?

· 출구 전략: 어디로 출구할 것인가? 언제 출구할 것인가? 어떻게 출구할 것인가?"

챗봇의 초안 결과물

· 진입 전략

동남아시아 식품 시장을 목표로 2025년 1분기에 현지 유통 파트너와 협력하여 진출할 예정이다. 초기 단계에서는 소셜 미디어와 오프라인 채널을 병행하여 브랜드 인지도를 확보한다.

· 확장 전략

중기적으로 북미 시장으로 진출하며, 2030년까지 글로벌 매출의 30%를 북미 지역에서 달성하는 것을 목표로 한다.

· 출구 전략

장기적으로 IPO를 통해 기업의 가치를 극대화하며, 상황에 따라 전략적 M&A를 통해 핵심 비즈니스를 강화한다.

참고문헌

Cavusgil, S. T. & Knight, G.(2009). *International business: Strategy, management, and the new realities.* Pearson.

Day, G. S.(1999). *Market driven strategy.* Free Press.

Gabrielsson, M. & Kirpalani, V. H. M.(2004). Born globals: Rapid internationalization of small firms. *Journal of International Marketing,* 12(1).

Ghemawat, P.(2007). *Redefining global strategy.* Harvard Business Press.

Moore, G. A.(2014). *Crossing the chasm.* Harper Business.

10
회사와 경영진 소개

사업 계획서에서 회사와 경영진 소개는 투자자와 파트너에게 신뢰를 주는 아주 중요한 핵심 섹션이다. 주요 내용은 회사의 비전과 미션, 핵심 기술 및 서비스, 경영진의 전문성과 경력, 조직 구조 등을 포함한다. 본 장에서는 챗봇에 회사 소개 데이터를 첨부하고 주요 프로세스를 지침에 제시하며 프롬프트에 작동 지시 사항을 입력함으로써, 설득력 있는 회사와 경영진 소개를 손쉽게 작성하는 방법을 다룬다.

종교와 AI?

회사 및 경영진 소개란 무엇인가?

사업 계획서의 "회사 및 경영진 소개"는 독자에게 회사의 본질을 전달하고 신뢰를 구축하기 위한 중요한 섹션이다. 이 섹션은 회사의 설립 배경, 비전, 미션, 주요 성과, 핵심 역량을 포함하며, 경영진의 전문성과 리더십 능력을 상세히 설명한다. 투자자와 파트너는 이 정보를 통해 회사의 잠재력과 성공 가능성을 평가하므로, 명확하고 설득력 있는 구성은 필수적이다. 이 섹션은 단순한 소개를 넘어 회사의 비즈니스 방향과 경쟁력을 체계적으로 보여주는 역할을 한다.

회사와 경영진 소개의 중요성

회사와 경영진 소개는 사업 계획서에서 신뢰와 설득력을 강화하는 역할을 한다. 투자자에게는 회사가 얼마나 유망하고 지속 가능하며, 성장 가능성이 있는지를 판단할 수 있는 핵심 자료를 제공한다. 회사의 비전과 핵심 역량은 시장 내 경쟁력을 나타내며, 경영진의 전문성과 리더십은 회사의 성공을 보장하는 요소로 강조된다. 이를 통해 잠재적 파트너와 투자자들에게 확신을 심어줄 수 있다. 특히 경영진의 성과와 네트워크는 외부 이해관계자의 신뢰를 구축하는 데 중요한 지표로 작용한다.

주요 구성 요소

회사 개요

회사의 설립 배경과 비전, 미션을 명확히 기술한다. 이는 회사의 장기적인 목표와 사회적 기여도를 포함하며, 설립 이래 주요 성과와 역사적 맥락을 중심으로 소개한다.

경영진 소개

경영진의 학력, 경력, 주요 성과, 기술적 전문성을 포함하여 경영진이 회사의 발전에 기여한 바를 설명한다. 또한, 경영진의 외부 네트워크와 산업 기여도를 강조해 신뢰를 높인다.

핵심 역량

회사의 기술적 강점, 시장 내 위치, 고객 중심의 강점을 중심으로 핵심 역량을 요약한다. 이를 통해 회사의 경쟁력을 데이터와 시각적 자료를 기반으로 명확히 전달한다.

운영 방식과 조직 구조

회사의 법적 구조, 운영 방식, 조직 체계, 성장 전략, 그리고 채용 계획을 포함하여 회사의 지속 가능성을 설명한다.

챗봇으로 회사와 경영진 소개 작성하기

이름

"회사와 경영진 소개 전문가"

설명

사업 계획서에서 회사의 설립 배경, 비전, 미션, 주요 성과 및 경영진의 전문성을 효과적으로 설명하는 일을 수행한다.

지침

회사의 설립 배경과 비전을 구체적이고 명확하게 설명한다. 경영진의 학력, 경력, 주요 성과를 정리하며 전문성과 리더십을 강조한다. 회사의 핵심 역량을 데이터 기반으로 분석하고, 시각적으로 표현할 요소를 제안한다. 투자자 및 파트너의 관심사에 초점을 맞추어 맞춤형 콘텐츠를 생성한다.

지식에 첨부할 지원 자료

회사 연혁 및 주요 성과 데이터

경영진의 이력 및 성과 보고서
조직도 및 시장분석 자료

프롬프트 입력 예시

"지식에 첨부한 파일들을 분석한 후, 다음 정보를 포함하여 회사 및 경영진 소개를 구체적이고 신뢰감 있게 작성하시오.

회사: [설립 배경, 비전, 주요 성과, 핵심 역량]
경영진: [이름, 경력, 학력, 주요 성과, 역할]"

챗봇의 초안 결과물

· 회사 소개

우리 회사는 2010년 지속 가능한 에너지 기술의 혁신을 목표로 설립되었다. 설립 초기에는 재생 가능 에너지 시장에 주력했으며, 이후 첨단 기술을 접목한 솔루션으로 시장 점유율을 꾸준히 확장하였다. 비전은 "2030년까지 글로벌 에너지 소비량의 20%를 친환경으로 전환하는 것"이며, 주요 성과로는 연평균 35%의 매출 성장, 국제 기술 특허 5건 보유, 글로벌 에너지 어워드 3회 수상이 있다.

· 경영진 소개

CEO ○○○은 글로벌 경영 전문가로서 20년의 경험을 보유하고 있다. 특히, A사에서 3년간 연 매출 50% 성장을 이끌어냈으며, 스타트업 경영 경험을 통해 다수의 성공적인 자금 조달을 수행했다. CTO 김혜진은 AI 기술을 활용한 에너지 효율 최적화 연구를 이끌며, 관련 특허 10건을 보유하고 있다. CFO 박성호는 15년간의 재무관리 경험을 통해 글로벌 기업 자금 운용과 IPO를 성공적으로 수행한 바 있다.

결론

AI를 활용한 회사와 경영진 소개 작성은 전문성과 설득력을 동시에 강화하는 도구이다. 이를 통해 투자자와 파트너의 관심을 끌고, 회사의 경쟁력을 효과적으로 전달할 수 있다. 챗봇은 복잡한 데이터를 분석하고 이를 기반으로 간결하고 명확한 콘텐츠를 생성하여 작성 과정을 대폭 간소화한다. 이러한 접근은 사업 계획서의 완성도를 높이고, 전략적 소통에 기여한다.

참고문헌

Collins, J.(2001). *Good to great.* HarperBusiness.

Drucker, P. F.(2006). *The effective executive.* HarperBusiness.
Goleman, D.(2005). *Emotional intelligence.* Bantam.
Lencioni, P.(2002). *The five dysfunctions of a team.* Jossey-Bass.
Tjan, A. K., et al.(2012). *Heart, smarts, guts, and luck.* Harvard Business Review Press.
Wasserman, N.(2013). *The founder's dilemmas.* Princeton University Press.

이지형

우송대학교 엔디컷국제대학 글로벌융합비즈니스학과 교수다. 한양대학교에서 무역학 학사 학위를, 미국 노스캐롤라이나대학교에서 경제학 석사 및 박사 학위를 받았다. ETRI(한국전자통신연구원)에서 20년간 인공지능, 디지털 트랜스포메이션, 5G, IoT 등 ICT 분야의 국가전략 기획과 기술정책 수립을 주도했다. 연구 분야는 기술사업화, 시장분석, R&D 성과 제고이며, 4차 산업혁명 관련 비즈니스 모델 개발에 집중하고 있다. 주요 저서로 『기술전략 맵을 활용한 신비즈니스 창출 기획 매뉴얼』, 『청소년을 위한 창업 시뮬레이션』, 『비대면 사회: 변화와 혁신』 등이 있다.